JN088124

経験ゼロから確実に稼げるようになる

Webライター
フリーランス入門講座

中村昌弘 著

ご利用前に必ずお読みください

本書に掲載されている説明を運用して得られた結果について、筆者および株式会社ソーテック社は一切責任を負いません。個人の責任の範囲内にて実行してください。
本書の内容によって生じた損害および本書の内容に基づく運用の結果生じた損害について、筆者および株式会社ソーテック社は一切責任を負いませんので、あらかじめご了承ください。特に、購入例や参考画像として紹介している商品は説明のための例示であり、特許・意匠権に侵害している可能性があります。購入の際は必ず事前に確認し、自己責任でご購入ください。
本書の制作にあたり正確な記述に努めていますが、内容に誤りや不正確な記述がある場合も、筆者および株式会社ソーテック社は一切責任を負いません。
本書の内容は執筆時点においての情報であり、予告なく内容が変更されることがあります。また、環境によっては本書どおりに動作および実施できない場合がありますので、ご了承ください。
※本文中で紹介している会社名、製品名は各メーカーが権利を有する商標登録または商標です。
　なお本書では、©、®、TMマークは割愛しています。

はじめに

超現実主義

僕は超現実主義者です。

たとえば、X（Twitter）をはじめとしたSNSの世界には「Webライターは日本語を書ければ誰でもできる」と言う人がいます。

一方、僕はこんな投稿をして現実を叩きつけます。「Webライターとして生きていくのは大変です。いい記事を書くためには膨大な勉強と経験が必要。継続して依頼をいただくためには、コミュニケーション力も必要。日本語が書ければできるのは事実ですが、Webライターとして稼げるかどうかはまた別の話」と。

SNSで「〇〇が楽」と発信している人は、その商品で収益化を狙っているだけです。たとえば「Webライターは誰でもできる。チャレンジしたほうがいい」とだけ主張しているなら、多分その人はWebライター向けの教材を売っているのでしょう。「めちゃくちゃ難しいです」と言うと、教材は売れませんからね。

しかし、僕は違います。

僕は1,400名（2023年10月時点）のメンバーが在籍するオンラインコミュニティ「Webライターラボ」（https://arata-news.com/lp-line/）を運営しています。

正直に言うと、「Webライターは誰でもできます。楽に稼げるから今すぐに始めたほうがいいですよ！」と言ったほうが加入者は増えるでしょう。だって、みんな楽したいですからね（もちろん僕も）。

でも2016年からライターを始め、その酸いも甘いも知っている僕からすると「楽な仕事」とは口が裂けても言えないんですよ。

もちろん、たくさんのメリットがあることは知っていますが、それと同じくらいデメリットも知っている。だからこそ簡単に「誰でもできる」とは言えません。

超現実的に考えました

先ほど言ったように、僕は「Webライターラボ」という有料のオンラインコミュニティを運営しており、メンバー数で言うと恐らく「Webライター業界」という狭い世界では日本一です。

もちろん自慢したいわけではなく、何が言いたいかというと「オンラインコミュニティを通じて、多くのWebライターを見てきた」ということ。

また、僕自身もWebライターとして4,300本を超えるSEO記事を書いた経験があり、それ以外にもメンタリストDaiGoさんの書籍や、堀江貴文さんのnoteの編集にも携わってきました。

そんな僕が本書で伝えたいことは、「Webライターとして稼ぎ続けるための超現実的な戦略」です。

残念ながら、ライティング力が高いだけではWebライターとして長く食べていくのは困難です。もちろん営業力が高いだけでも難しい。そのほかに「どの分野の案件を受注すべきか？」「どういうキャリアを歩むべきか？」などの戦略も大切です。

本書は、僕自身がライターとして歩んできた経験と、Webライターラボを通じて多くのメンバーから得た情報を総動員して書きました。

ただの文章本でもなければ、営業を指南する本でもありません。

「ケイコ」と「ユウタ」という未経験からWebライターを目指す人を、僕がコンサルするという物語調で書いているので、具体的にどうスケールアップするかをイメージしやすいと思います。

1章は「Webライターって何をする仕事？」から始まり、2章では「実際に何から始めればいいの？」を解説。3章では具体的な営業方法について、4章はWebライターがつまずく落とし穴について書きました。そして5章は単価を上げる方法、最後の6章は独立すべきかどうかの基準について解説しています。

繰り返しますが、本書は超現実的な本です。

机上の空論ではなく、Webライターとして生き抜くために知っておくべきことをすべて書きました。ケイコさんとユウタさんの二人と、一緒に学びながら読み進めてくれたら嬉しいです。

2023年12月

中村昌弘

CONTENTS

そもそもWebライターって何をする仕事？

Webライターとしてのスキルを身につけよう

案件を受注しよう

ライター初心者がつまずきやすいポイント

単価を上げていこう

独立するかの判断

1章

そもそもWebライターって何をする仕事？

Webライターはパソコン1つで始められ、在宅ワークも可能な仕事なので、挑戦したいと考える人も多いでしょう。しかし、実際にどのような内容かがわからない人も多いはずです。
ここではWebライターの仕事内容や仕事の進め方、Webライターになるメリット・デメリットなどについて解説します。

01

在宅ワークや副業に適したWebライター

本日からコンサルがスタート。Web ライターを目指すケイコさんとユウタさんが、Web ライター８年目の筆者（中村）からコンサルを受けます。

ケイコさんとユウタさんですね？　中村です！
よろしくお願いします。簡単に自己紹介をお願いしてもいいですか？

はい、３歳と１歳の二人の子どもと夫と暮らしています。今はパートに出ているのですが、子どもの発熱などで突発的に休むことが多いため、在宅で稼げないかなと思って Web ライターを目指しています。よろしくお願いします！

ぼくは 28 歳の独身です！
不動産会社で賃貸物件の仲介をしているのですが、最近なんともやる気がでなかったんですよ。で、同僚とそんな話をしていたら副業で Web ライターをしていることがわかったので、僕もやってみようかなと！　よろしくお願いします。

早速だけど、まずは Web ライターの基礎をレクチャーしますね。そもそも Web ライターってどんな仕事なのか？　メリット・デメリットは何か？　という点など。Web ライターを始める前に、頭に入れておきましょう！

02

Webライターとは何をする仕事か？

Webライターの定義

ケイコさんとユウタさんは、Webライターの仕事内容についてはざっくり理解していますか？

はい！　いろいろなサイトで調べてきました。すごく簡単に言うと、Webメディアの記事を執筆する仕事……という感じでしょうか？

え!?　ケイコさんすごいですね。僕は正直よくわかりません(笑)。

うん……なるほど。ケイコさんはなんとなくわかっていそうですが、ユウタさんはあんまりわかってなさそうですね（笑)。

Webライターの定義は人によって異なります。一般的には「**Webに掲載されている記事を書くライターのこと**」を指す場合が多いでしょう。具体的には次の通りです。

Web ライターが書く記事の例

- **企業が自社運営するメディアへの記事執筆**
- **ニュースサイトへの記事執筆**
- **個人ブログへの記事執筆**

上記は一例で、他にもたくさんあります。

なお、X（Twitter）などSNS上で「Webライター」という場合は、「**SEOライター**」を指す場合が多い印象です。Webライターの仕事は「SEOライティングの案件」が多いからでしょう。

そもそもSEOとは、ざっくり言うと「検索エンジン（主にGoogle）で検索したときに、上位に表示させる施策」のこと。2章で詳しく解説しますが、ここでは「検索結果で上位表示されるように記事を書くのがSEOライター」と覚えておけばOKです。

ちょっとややこしく感じてきたでしょうか？（笑）

とりあえず、Webライターとは「**Webに掲載されている記事を書く人**」のことで、本書では主に「SEOライター」についての話、と認識しておいてください！

03

Webライターの仕事の進め方

Webライターの仕事の流れ

Webライターが何をする人かはなんとなくわかったけど、具体的に何をやればいいのか、まだイメージできてないかも……。

実際に仕事をするときは、どうやって進めていくんでしょうか？

Webライターが仕事をするときの流れは、ざっくり次の通りです。

Webライターが仕事をするときの流れ

案件を受注する →

案件内容を擦り合わせる →

構成を作る →

文章を書く →

納品する

❶案件を受注する

Web ライターが案件を受注する流れは、おおむね次の通りです。

- ❶ **案件を探す**
- ❷ **提案文を書いて応募する**
- ❸ **テストライティングを受ける**
- ❹ **採用決定・案件がスタートする**

多くの場合、1つの案件に複数の応募者が集まります。そのため発注者側は、応募者の提案文や過去の実績などを見て、依頼するライターを選びます。

「**提案文**」とは、自分のアピールポイントや実績などを記載した応募文のこと。

また、案件によっては「テストライティング（実技試験)」があり、その結果によって合否が決まる場合もあります。提案文・テストライティングともに通過し、お互いに合意したら受注確定。

ただ、案件によっては、テストライティングがなく提案文のみで採用される場合もあります。

提案文や記事の書き方については、2～3章で詳しく説明します。

採用の流れはここまで説明した通りですが、Webライターの仕事を探す方法はさまざまです。代表的な方法は以下の7つ。

- クラウドソーシング
- 求人サイト（Wantedlyなど）
- SNS
- 知人からの紹介
- 直営業
- オンラインサロン
- 編プロ

上記の中でも、未経験者が最初の1件を受注しやすいのは「クラウドソーシング」と「知人からの紹介」ですね。
クラウドソーシングとは、Web上で仕事を受発注できるサービスのことです。応募から記事の納品まで一度も顔を合わせずに、チャット上のやり取りだけで完結することも多い。案件数が膨大にあるので、最初はクラウドソーシングで仕事を探す人が多い印象です。

対面があまり得意ではないので、顔を合わせずに仕事ができるのは嬉しいです！

案件によっては採用時に面談する場合もあるけど、面談なしの案件もたくさんあるよ。

クラウドソーシングで受注できるのはわかったけど、知人からはどうやって仕事をもらうんですか？

本業で取引している関係者や元同僚など、オフラインで元々つながりがあった人から依頼されることが多いね。たとえば、知人が勤めている会社でオウンドメディアを運営していて、そのライターを募集しているなど。

また、SNS上でもライター募集が頻繁に行われているので、気になる案件があったらDMを送ってみましょう。仕事の取り方については、3章以降でさらに詳しく解説していきます。

❷案件内容の擦り合わせ

案件を受注できたら、まず行うのは仕事内容の擦り合わせ。本章では、Webライターの仕事でもっとも多いSEO記事の執筆を例に解説していきます。

擦り合わせとは「どんな記事を、どうやって納品すればいいか」など、記事の方向性や仕事の進め方について認識を合わせること。

擦り合わせって、どうやって行うんですか？

クライアントからチャットで送られてくるケースや、WordやExcelなどの添付資料に書かれていることが多いよ。案件によっては、Zoomなどのミーティングで擦り合わせることもあります。

案件が始まるときに、次ページのチェックリストの内容をクライアントに確認しましょう。

仕事内容のチェックリスト

仕事内容

- □ 記事の目的
- □ ペルソナ（≒想定読者）
- □ キーワード
- □ 文字数
- □ 納期
- □ 納品形式
（Word・Google ドキュメント・WordPress 入稿など）
- □ 作業範囲
（構成作成・執筆・画像選定・入稿など）

報酬面

- □ 記事単価 or 文字単価
- □ 税抜 or 税込

「記事の目的」とは、最終的な狙いは何かということ。たとえば「記事内でお勧めする商品を購入してほしい」など。

「ペルソナ」とは記事を読む読者像のことです。たとえば「マンションを売却する手順」について説明する記事なら、当然「マンションを売りたい人」がペルソナになります。

ペルソナは年齢や居住地、その人が抱える悩みなどもっと詳しく言語化することも多いですが、一旦は「ペルソナ≒想定読者」と認識しておいて

OKです。

その他「納品形式」や「作業範囲」も最初の段階で擦り合わせておきます。特に、作業範囲は案件によってマチマチです。本文執筆のみなのか、Webサイトへの投稿作業（入稿）や画像選定も含まれるのかなど。

この辺りの情報は募集概要でわかることがほとんどですが、記載がなければ必ず確認しましょう。

また、作業に取り掛かる前に報酬面も確定させておくと、トラブルを防げます。

たとえば、文字数によって金額が変わる「**文字単価制**」か、文字数は関係なく1記事いくらと報酬が決まっている「**記事単価制**」か。受注時のチェック項目として覚えておきましょう。

❸構成を作る

仕事内容を擦り合わせたら、いよいよ作業開始です。とはいえ、白紙の状態からいきなり本文を書き始めるのではなく、まずは「**構成**」を作ります。

構成とは、記事の骨組み（枠組み）のことです。本でたとえると、目次のようなもの。この骨組みを見れば、どんな内容が書いてあるかがわかります。

例を挙げると、本書の構成（目次）は次の通り。

本書の構成

構　成

1章　そもそもWebライターって何をする仕事？

- 在宅ワークや副業に適したWebライター
- Webライターとは何をする仕事か？
- Webライターの仕事の進め方
- Webライターのメリットとデメリット
  - 8つのメリットを理解しよう
  - 5つのデメリットを理解しよう

2章　Webライターとしてのスキルを身につけよう

⋮

一般的には上記のように、章や節の見出しだけ書いた状態を「構成」と呼びます。

ただし場合によっては、本文を箇条書きで書いたり、構成作成時に参照したサイトのURLを記載したりすることもあります。

構成の作り方については2章で解説するので、ここでは「構成とはこういうものなんだ」と認識しておけばOKです。

あの〜、どうして先に構成をつくるんですか？
いきなり本文を書いたほうが早いような……。

骨組みがしっかりしていない家は潰れちゃうよね？　それと同じで、記事を書くときは骨組み（構成）が大事なんだよ。最初にきっちりと作っておかないと、想定外の方向に話が進んでいくこともある。

構成を作らずに執筆してしまうと、「こんな記事になるとは思っていなかった」という状況に陥りやすいんだ。

❹文章を書く

構成が完成したら、本文を執筆しましょう。作成した各見出しに沿う内容を、それぞれの章に書いていく段階です。

本文執筆の作業をおおまかに分けると次の通り。

1. **各章に必要な情報を集める**
2. **情報を整理する**
3. **わかりやすく説明する**

構成作成時に集めた情報を取捨選択し、論理的な流れになるように順番を入れ替えます。

読みやすい文章を書けるかどうかは Web ライターの腕の見せ所です。ただ、Web ライティングは「学校で習う文章の書き方」とは全然違うという点には注意が必要。たとえば、作文では起承転結で書こうと教わったと思いますが、Web ライティングではこの書き方は NG です。結論を先に書きます。

Web ライティングで求められることは「わかりやすく、読みやすい記事」

を書くこと。情報が欲しい人に向けて、とにかく端的に伝える必要があります。

なぜ、そうなるんでしょうか？　起承転結がしっかりしている物語のような、人の心に訴えかける表現力が必要だと思っていました。

SEO ライターが書く記事は、情報を伝えることが目的だからですね。要するに、読者は「自分の知りたいこと」を知れればそれで OK なんだ。小説のようにストーリーを楽しみたいわけではないんだよ。

ライティングの基礎については２章で詳しく解説していますので、ポイントを押さえて執筆していきましょう。

⑤納品

本文が完成したら、クライアントに記事を納品します。納品の一般な流れは次の通りです。

- **初稿を提出する**
- **依頼があれば原稿を修正する**
- **完全納品**

記事の納品形式は、クライアントから指定される方法に従いましょう。先述した通り、案件を受注した段階で確認しておきます。多くは Microsoft Word 形式や Google ドキュメント形式で提出します。

納品は、いつ行えばいいんですか？

基本的には納期までで大丈夫です。が、クライアントは少しでも早く納品してほしいと思っているので、できるなら前倒しで納品したほうがいいね。あと、納期についてはクライアントと認識がズレている場合があるので注意が必要だよ。

認識がズレるって、どういうことですか……？

たとえばクライアントが提示した納期は、「初稿納品の日」を指しているのか「修正後の完全納品」の日を指しているのかなどだね。

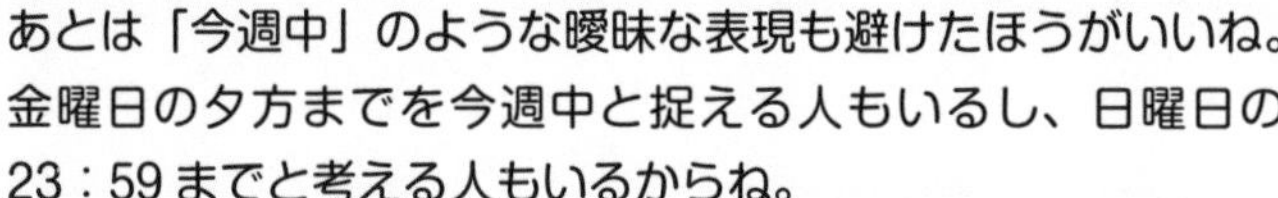

あとは「今週中」のような曖昧な表現も避けたほうがいいね。金曜日の夕方までを今週中と捉える人もいるし、日曜日の23：59までと考える人もいるからね。

初稿提出後にクライアントから修正を依頼されたら、すみやかに対応しましょう。修正方法はさまざまですが、多くは次のどちらかです。

- **修正した箇所がわかるように、変更履歴（提案モード）を残して修正する**
- **変更履歴を残さずに、上書きした原稿を提出する**

修正方法もクライアントから指定されるケースが多いので、わからない場合は着手前に確認しておくと安心ですね。修正原稿を送って問題がなければ、案件は終了です。

04

Webライターのメリットとデメリット

8つのメリットを理解しよう

なるほど〜。Webライターの仕事についてわかってきました。なんかおもしろそう！

中村さんの考えるWebライターのメリットってなんですか？数ある副業の中でWebライターを選んだ理由を知りたいです。

僕が考えるWebライターのメリットは次の通り！

- **時間と場所を問わずに働ける**
- **パソコン1台ですぐに始められる**
- **即金性が高い**
- **コミュニケーション力が上がる**
- **自由に休みを取れる**
- **人間関係が楽**
- **ビジネス力が上がる**
- **知識が増える**

全部ではないけど、僕がWebライターになった理由も含まれている。その点も踏まえて詳しく説明していくよ。

● 時間と場所を問わずに働ける

Webライターは、基本的に時間と場所を問わずに働けます。少々乱暴な言い方ですが、クライアントに定められた期限までに記事を納品すればOKです。納期ギリギリにバーッと書いてもいいですし、毎日コツコツ書いてもいい。

もちろんなるべく早めに納品したほうがいいですし、納期ギリギリに一気に書くと記事の質が落ちるので、お勧めはしません。ただ、〆切に合わせて**自分のペースで働ける**のは事実。会社員のように「時間に縛られない」という点は大きなメリットと言えるでしょう。

また、**働く場所も自由に選べます**。自宅で記事を書いてもいいですし、カフェや電車の中で書いてもいい。Googleドキュメントやメモ帳の機能を使えば、スマートフォンでも仕事はできます。

他には、カフェやコワーキングスペースで仕事をしている人も多いですね。ただ、その場合は**セキュリティ**には注意したいところ。執筆している記事にクライアントの企業秘密などが含まれている場合は特に注意。

共用のフリーWi-Fiにつながないようにしたり、PCのディスプレイに目隠しシートをしたり、盗難されないためにトイレに行くときはPCを持っていくなど。このような対策は必要ですね。

場所と時間に関係なく働けるか……朝弱いから助かります。

私も子どもがいつ寝るかわからないし、体調を崩すことも多いので、時間に縛られない生活は理想です。

そういう人は多いよね（笑）。僕みたいに家が好きな人は家で仕事をしてもいいし、外が好きな人は外に出ればいい。自分の生活スタイルや好みに合わせて働けるのは、Webライターの大きなメリットだね。

● 自由に休みを取れる

自由に休みを取れる点も大きなメリットです。先述したように、極端な話、締め切りさえ守れば休むのは自由。

たとえば、

- **今日飲みすぎたから明日の午前は休もう**
- **疲れたから今日は午後休にしよう**
- **少し体調が悪いから明日は休もう**
- **来週１週間は休みにして旅行をしよう**

と、自由に調整できます。

あるいは、「子どもが体調を崩したから今日と明日は緩く仕事をしよう」や「今月は早めに納品できたから残り１週間は読書期間に充てよう」のように、仕事量を調整できる点も大きなメリットです。

もちろん、休みを取れば取るほど納品できる記事数が減るため、収入は下がります。また、クライアントから発注があっても「今月は受注できません！」と断ってばかりいると、次から依頼が来なくなるかもしれません。

このようなリスクはあるものの、自分の都合に合わせて休みを取れる点は大きなメリットです。

子どもが体調を崩しやすいから休みを自由に取れるのは助かります。

飲んだ次の日に休めるのはいいな……。

案件の状況によるけどね。〆切が迫っている案件が多ければ、逆に休まず仕事をしなければならない。やはり余裕を持ったスケジューリングが大切だね。

● パソコン1台ですぐに始められる

Web ライターはパソコン 1 台あれば始められます。高価なツールも不要ですし、有料ソフトをインストールする必要もありません。これは副業初心者にとって大きなメリットになるでしょう。

というのも、副業の種類によっては次のような場合もあるからです。

- **高額のスクールに通わないとスキルを得にくい**
- **初案件を受注するまでに 100 時間以上の勉強が必要**
- **毎月数千円ほどの有料ツールに課金する必要がある**
- **スペックの高い PC が必要**

Web ライターの場合は、高額なスクールに通わなくても案件は受注できます。本書をきちんと読めば、すぐに仕事は始められるでしょう。

Webライターも、さすがにスマホだけだと厳しいですか？

不可能ではないけど、お勧めはしないかな。リサーチや執筆はパソコンのほうが速いし、スマホよりもキーボードでタイピングする方が速い人は多いからね。併用するのはありだけど、スマホだけだと生産性は落ちてしまうね。

勉強なしで仕事ができるのはいいですね！

いや、しないでいいとは言ってないよ（笑）。というか、勉強はし続けなければいけない。あくまで、最初から高額のスクールに通う必要はなかったり、100時間勉強しなきゃ初案件は受注できなかったりという状況ではないだけ。常に勉強して、スキルは磨いておきましょう。

● 人間関係が楽

次は、人間関係が楽という点です。言い換えると、対人関係のストレスが小さいということ。

たとえば、次のように自分の意思で人間関係を形成できます。

- **相性が合わないクライアントとは取引をやめる**
- **苦手な人がいれば距離を置く**

筆者も会社員を約８年間やっていたのでわかりますが、会社員が人間関係でストレスを抱えるのは「合わない人とも付き合い続けなければいけない」という理由が大きいと思います。嫌な上司や高圧的なクライアントがいても、上手く付き合っていかなければいけません。

一方、Webライターは人間関係を選べます。特にクライアントを選べる点は大きいでしょう。

「選ぶ」というと上から目線に感じるかもしれませんが、クライアントもWebライターも……つまり、発注者も受注者もお互いが「選ばれる立場」なのです。クライアントがWebライターを選ぶように、我々もクライアントを選んでいい。理不尽なことを言う人や、常に高圧的な人とは距離を置きましょう。

とはいえクライアントを選びすぎると仕事がなくなっちゃいますよね？　それもリスクでは？

確かに選り好みが過ぎると仕事はなくなります。でも、相性が合わないと思っているのに「仕事がなくなるから嫌々付き合いを続ける」ほうが大きなリスクなんだよ。精神がすり減ってしまうからね。
もちろん多少は耐える必要はあるけど、本当に辛かったら、その人から離れるのが正解。自分の心身をいちばん大事にしよう。

● 即金性が高い

Web ライターは即金性が高い点もメリットの１つです。たとえば、SEO 案件を受注してから納品するまでのスケジュールは以下の通り。

5/1	**1 記事（3,000 文字）受注**
5/5	**構成を提出**
5/9	**構成が戻ってきたので書き始める**
5/16	**初稿納品**
5/19	**修正依頼をもらう**
5/23	**修正して提出（OK をもらったので納品完了）**
5/31	**請求書を提出**
6/30	**クライアントから入金**

このスケジュールはあくまで一例です。早い場合だと、受注してから数日で納品するケースもあります。

上記のスケジュールだと、受注から納品まで約３週間。仮に、月末に締めて来月末に報酬が支払われるスケジュールであれば、５月に受注した原稿料は６月末に支払われます。詳細は後ほど解説しますが、クラウドソーシングを利用すると支払いサイクルはもっと速いです。

他の副業と比べても速いため、「即金性の高さ」は Web ライターならではのメリットと言えます。

たとえば、Web ライターと比較されやすい副業として「ブログ」があります。自分でサイトを立ち上げて記事を書き、その記事から何かを売るという仕組みです。このビジネスモデルは収益化までのハードルが非常に高く、「1 年間無収入」という状況もザラにあります。ブログやメディア運営に比べると、Web ライターがいかに即金性の高い職業かがわかるでしょう。

え？　ブログって１年間タダ働きの可能性もあるの？　やらなくてよかった〜。絶対Webライターのほうがいいじゃん。

一概にそうは言えないよ。後で詳しく解説するけど、Webライターはクライアントワークなので、短期間でドカっと稼ぐのは難しい。一方、ブログやメディア運営は、上手くいけば短期間ですごい金額を稼げる。メリットの裏にはデメリットもある。その逆もしかり。それを理解しておこう。

● コミュニケーション力が上がる

Webライターとして活動していけば文章力が上がるため、コミュニケーションスキルも上がります。たとえば、チャットやメールの文面をわかりやすく書けたり、上司や営業先に何かを説明するときにわかりやすくなったりと、**物事を伝える力**が磨かれるのです。

在宅ワークが多くなった昨今、メールやチャットなどのテキストコミュニケーションも増えてきました。その中で「文章がわかりやすい人」と「わかりにくい人」の差って、はっきりと出ませんか？

送られてきたチャットを見て、「ん？　ちょっと何を言っているかわからない……」と思ったことがある人も多いでしょう。これはビジネスパーソンとして致命的です。

しかしWebライターとしてスキルを積み上げると、テキストコミュニケーションがわかりやすくなります。我々は「どのように文章を書けば読者に伝わりやすいか？」を常に考えているからです。

他にも、ライティングスキルが上がると説明も上手くなります。たとえば「**結論を先に伝える**」や「**相手が知りたい順番で伝える**」など、わかりやすい文章を書くこととわかりやすく説明することは似ているからですね。

上司からよく「話が長い。わかりにくい」と言われるんですけど、ライターをやっていればそれも解消されますか？

解消されると思うよ。ただし、きちんと勉強して文章力を上げれば……の話だけどね。

● ビジネス力が上がる

Web ライターの仕事は、ビジネスの根幹に通じるものがあります。

具体的には、次のような一連の流れは、多くのビジネスで同じことが言えます。

❶ 読者をイメージする
❷ 読者の悩みを言語化する
❸ 情報を集めて読者の悩みを解決する手段を考える
❹ その手段をわかりやすい文章で伝える

たとえば、不動産会社の営業パーソンとして新築マンションを販売していたとします。これを上記の❶～❹に置き換えると次の通りです。

❶ 担当しているマンションの購入者をイメージする
❷ 検討者のニーズ（どんなマンションが欲しいのか？）を言語化する
❸ 自分の持っている情報を元に、そのニーズを叶える方法を考える
❹ 叶える方法がわかったら、それを文章やトークで伝える

このように、❶〜❹の一連の流れは多くのビジネスシーンで利用できます。現に筆者が、自身が運営するオンラインコミュニティの規模を1,500名超にまで拡大できたのも、Webライターとして経験を積んだからです。

また、その知見を活かして、集客支援、法人･個人向けのコンサルなど、ライティング以外の領域まで活動の場を広げています。これは、上記❶〜❹を繰り返してビジネス力を上げたからできたことです。

お〜、まさに僕の本職にも活かせそう！

その通り！　僕のコミュニティメンバーの中にも「Webライターをやっていたおかげで本職にもいい影響が出た」と言っている人は多いよ。

● 知識が増える

Webライターはいろいろなジャンルの記事を書くため知識が増えます。その点も大きなメリットと言えるでしょう。

たとえば、筆者は次の記事を書いてきました。

不動産系

- **実需（居住用）不動産の売買**
- **投資用不動産の売買**
- **相続時の対応**

金融全般

- **株式投資**
- **FX**
- **資産形成**
- **仮想通貨**

人材系

- **新卒採用**
- **中途採用**

その他

- **漫画のレビュー**
- **ガジェット比較記事**

これはほんの一部です。筆者は今まで4,300記事以上を執筆しており、30を超えるジャンルの記事を書いてきました。

さらに、ここに挙げたのはSEO記事だけなので、書籍の編集やインタビュー記事などを加えると、もっとたくさんのジャンルを書いています。

記事を執筆した分野の知見が溜まると、記事を書くスピードも上がりますし、クオリティも高くなります。さらにその知見がプライベートで活きることもあるため、人生において大きな武器になるのです。

筆者の知人の金融ライターは、金融分野の知見を溜めてFP（ファイナンシャルプランナー)の資格を取得しました。今ではWebライター兼ファイナンシャルプランナーとして活動している上に、金融の知見を活かして投資家としても活動しています。知見を溜めると他の職業まで発展する好事例です。

5つのデメリットを理解しよう

Webライターってメリットが多いですね！　自由に休めるし、人間関係も楽だし。すごく楽しそう。

でも、そんなにいいことがあるなら、デメリットもあるのでは……。

もちろん、大変なこともあるよ。いいことばかりでないのは、どんな仕事でも同じだけどね。僕が考えるWebライターのデメリットは次の5つ。

- **慣れるまでは執筆に時間がかかる**
- **最初は時給が低くすぐには稼げない**
- **自己管理ができないと難しい**
- **ライバルが多い**
- **仕事を探すのが大変**

あらかじめデメリットを知っておくと対策できるし、始めた後にギャップを感じにくいよ。詳しく見ていこう。

● 慣れるまでは執筆に時間がかかる

文章を書くだけなら簡単にできそうに思えますが、いい記事を執筆するには相当の時間がかかります。「執筆時間が長くなってしまう」は、Webライターの悩みのトップ3に入ると言ってもいいでしょう。

実際、どれくらいの時間がかかるのでしょうか？

執筆時間の目安は、1 時間で 1,000 文字程度。たとえば 3,000 文字の記事なら、3 時間で書き終わるということ。もっと速い人なら、3,000 文字を 1 時間で書く人もいるね。
でも……執筆時間は人によって、そして案件によって本当にマチマチなんだよ。特に Web ライターを始めたばかりの頃は時間がかかるから、3,000 文字の記事を書き終えるまで 10 時間くらいかかることもあると思うよ。

え？　1 記事に 10 時間！？

文章を書くだけでなく、リサーチや構成作成にも時間がかかるからね。繰り返すけど、執筆時間は本当に人によって違うから何とも言えないんだよ。

Web ライティングで時間がかかる工程は、大きく分けると「リサーチ・構成作成」と「執筆・推敲（文章の見直し）」の２つ。

たとえばリサーチをするときは、次の状況に陥りがち。

- **知らないジャンルなので調べるのに時間がかかる**
- **必要な情報をどこで入手できるのかわからない**
- **記事に書かない情報まで延々と調べ続けてしまう**

効率的なリサーチ方法を知れば、これらは回避できるでしょう。5章で詳しく説明します。

また、本文の執筆や推敲の際にも、言いまわしに悩んで、書いては消すことも多いでしょう。同じ箇所で考え続けて、気づけば数十分経っていることもあります。

なるべく速く書くためには、まず「Webライティングの基礎」を知ることが重要です（2章で解説します）。そのうえでいろいろな案件にチャレンジして量をこなしましょう。

● 最初は時給が低くすぐには稼げない

Webライターを始めてすぐの頃は、正直なかなか稼げません。夢を壊すようで申し訳ありませんが、「思っていたのと全然違う」とギャップを感じてほしくないのです。リアルな話をすると、初期の頃は、時給換算で300円以下になることも少なくありません。

その要因は、大きく分けると次の3つです。

- **最初は1文字0.5～1円の低単価で執筆することが多い**
- **知見がないので執筆に時間がかかる**
- **スキルがないので修正が多くなる**

初心者が受注しやすい案件は、比較的単価が低い傾向にあります。そのうえ、最初は執筆に時間がかかるので、時給は低くなります。

たとえば、1文字0.5円で3,000文字なら、1記事1,500円の報酬ですよね。仮に、執筆に5時間かかったら時給はたった300円です。結構しんどいですよね。

しかし、あくまで「最初は稼げない」というだけ。この時期を乗り越えれば徐々に収入は上がっていきます。

時給300円か〜。正直、もっと稼げると思ってました。

もちろん最初から稼げる人もいるよ。でも実際は、条件がいい案件に応募してもなかなか受注できない。応募数が多いうえに、実績のあるベテランライターも立候補するからだね。結果的に初心者のWebライターが受注できるのは、低単価案件が多くなってしまうんだ。

そこから、どうやって稼げるようになるんですか？

経験を積んでいけば、実績やスキルが溜まるので高単価の案件をとりやすくなるよ。単価アップと執筆スピードを改善できれば、少しずつスケールアップしていける。そのためには、スキルや営業力を磨く必要があるので……その辺りは後ほど詳しく説明します！

● 自己管理ができないと難しい

自己管理ができないとWebライターとして稼ぐのは難しいです。代表例がスケジュール調整ですね。Webライターは単純に納期を把握しておけばいいわけではありません。抱えている仕事の量と進捗を確認しながら予定を組み、日々新しく入る仕事の調整も必要です。

また、余裕を持ったスケジュールを組んでおかないと、体調を崩して稼働できず、納期に間に合わないというケースもあるでしょう。体調不良はしかたのないものですが、頻度が多いとクライアントからの評価は下がります。

いつでも好きな時間に働けて自由に休めることはメリットですが、それは裏を返せば、**自分で自分を管理しなければいけない**ということなのです。

身体があまり強くないので不安です。
そういう人でもWebライターは続けられますか？

体調を崩しやすいなら、納期に余裕を持って進めるようにしよう。単に前倒しするだけではなく、あまり仕事を詰め込みすぎないことも大事だよ。

僕はスケジュール管理が苦手で納期を守れるか心配なんですが、これってどうにもならないですか？

納期から逆算して「今日何をするか」「明日何をするか」を綿密に計画することが重要だね。

● ライバルが多い

Webライターは誰でも挑戦しやすい一方で、ライバルもたくさんいます。

パソコン1台あれば仕事ができるので、未経験から参入する人が多いからです。1つの案件に対して30人以上が応募することも珍しくありません。

Webライターを始めたばかりの頃は、20件応募して1件受注できるくらいです。

大勢いるライバルの中から、まずは採用段階で自分を選んでもらわなければなりません。また、採用されたらそれで安心というわけでもないのが、つらいところ……。採用後も、Webライター同士は仲間であると同時に、ライバルでもあるんです。

クライアントは常にライター同士を比べています。そこでの評価が、他の案件を紹介されるかどうかのわかれ道になることもあるのです。

でも、そんなにたくさんWebライターがいる中で、どうやったら差別化できるんですか？

難しく考えなくても大丈夫。たとえば提案の仕方を工夫するだけでも差別化できるよ。案件に合わせて、アピールする強みや実績を変えるだけでも違う。提案の仕方は、第3章で詳しく解説するね。

特別なことを思いつかない場合、まずは記事の質を上げたり、コミュニケーションをスムーズにしたりするだけでも、案件の継続につながります。

そこから何か強みを作るのもいいですし、できることを増やして掛け合わせるのも方法の1つ。たとえば不動産ジャンルに強いライターはたくさんいるけど、「不動産」と「Kindle編集」のどちらも得意なライターはほぼいないと言ってもいいはず。

なるほど～。掛け合わせればいいんですね！　まずは自分にできることをやりながら、強みを増やしていきます！

そうだね。ライバルと差別化できれば、高単価の仕事も受注しやすくなっていくよ。

● 仕事を探すのが大変

Webライターになったものの、仕事を探すのが大変という人は少なくありません。

状況は人それぞれですが、よくある理由は次の通りです。

- **自分に書けそうな案件がない**
- **やりたいジャンルの案件がない**
- **良い条件の案件が見つからない**
- **応募者が殺到していて受注できない**

これを乗り越える方法は、少しでも書けそうだと思ったらチャレンジすること。Web ライターとして稼げるようになるには、とにかく「**やってみる精神**」が大事です。

正直なところ、今持っている知識だけで書ける記事は稀です。SEO 記事なら特に、何かしら調べながら書くケースが多いはず。

ライターを続けていくと、経験や知識で書けることも増えていきますが、最初はリサーチしながら書くことになります。

とはいえ、自分にとってレベルが高すぎる記事を受注するのは不安です……。どんな記事なら、初心者でも書きやすいですか？

まずは本業や趣味で関わったことのある業界など、少しでも知っているジャンルで応募してみるといいよ。案件の探し方については、3 章で詳しく解説するね。

1 記事、2 記事と経験を積んでいけば、「書いた」という自信が生まれて、さらにチャレンジしやすくなるはず。そうすることで書けるジャンルが少しずつ広がるうえに、書くこと自体にも慣れるので、できる案件が増えていくでしょう。

2章

Webライターとしてのスキルを身につけよう

Webライターとして必要なスキルは、SEOの知識やライティングスキル、構成作成など、さまざまです。ここでは案件を進める上で不可欠なスキルを、実践レベルで解説していきます。
さらに、未経験からWebライターとして稼ぐまでのロードマップもお伝えします。いくつものルートがあるので、ご自身に合う道を選んでください。
本章を読み終えたら、すぐに記事を書けるレベルになっているでしょう。さっそく学んでいきましょう！

Webライターとして稼ぐロードマップとは？

Webライターの代表的なルート

以前は「**Webライターとして稼ぐには、ディレクターになるか特化ライターになる**」というルートがわりと主流でしたが、最近では他のルートも確立されつつあります。

Webライターとして稼ぐロードマップは無数にありますが、本書では代表的な次のルートを紹介します。

- **王道のルート（ディレクター、特化ライター）**
- **仕事の幅を広げるルート**

選択肢を知っておくと、自分のキャリアを考えやすくなります。稼ぎ方に正解はないので、自身の価値観に合うやり方を選んでください。

Webライターで稼ぐ王道のロードマップ

Webライターで大きく稼ぐ方法は、次の2つが王道と言えます。

- SEO ライター ➡ ディレクター
- SEO ライター ➡ 特化ライター

どちらも王道ですが、働き方がまったく異なるので、それぞれの特徴を見ていきましょう。

●「SEO ライター ➡ ディレクター」ルート

王道ルートの１つ目は、SEO ライターから始めてディレクターになるルートです。ディレクターとは、ざっくり言うと「ライターの取りまとめ」と「記事の品質管理」を行うポジションを指します。

ディレクターの業務内容

SEO関連業務	●キーワード選定 ●SEO レポート作成
クライアント対応	●クライアントとのやり取り・交渉　●ミーティング ●記事の修正対応　●クライアントへの請求管理
進捗管理	●案件全体の進捗・納期管理
採用・育成	●ライターのアサイン ●ライターへ記事のフィードバック
納品物の品質担保	●構成の作成 or チェック ●記事の編集
環境整備・事務	●マニュアル作成 ●ライターの報酬管理

上の表は、ディレクター業務をピックアップしたものです。

ただし、業務範囲は各案件でまったく異なるため、この表の中で担当しない業務もあります。

特に SEO 関連業務は、ディレクターではなく SEO コンサルタントが担うケースが多いでしょう。また、ライターのアサインやクライアント対応がなく、納品物の品質担保と進捗管理だけを行う場合もあります。

ディレクター業務を請け負う場合は、作業範囲をしっかりと確認しておきましょう。

Webライターとディレクターでは、仕事内容が全然違うんですね。なんだか大変そうですが、ディレクターになるメリットは何ですか？

そうだね。「ライターとディレクターは別の職能が必要」と言う人もいるくらい、仕事内容は違うね。ディレクターのメリットとデメリットは次の通りです。

ディレクターのメリットとデメリット

ディレクター

ディレクターのメリット

- 仕組み化により時給単価が上がる
- いいチームをつくれれば希少価値が高くなる
- クライアントに近い立場なので、クライアントへ提案して仕事の幅を広げやすい

ディレクターのデメリット

- 依頼しているライターの実力が低いと疲弊する
- ライターのスケジュールに左右されるので、働く時間や休日をコントロールしにくい
- ライティングスキルが高くないとディレクターにはなれないため、ハードルはやや高い

●「SEO ライター ➡ 特化ライター」ルート

もう１つの王道は、**特化ライター**になるルートです。

まずは幅広いジャンルで SEO ライターとして活動し、その中から自分の得意分野を見つけて、1 〜２つ程度のジャンルに絞っていく方法ですね。

ジャンルはいくつもありますが、その中でも「稼ぎやすい」のは次の通りです。

- **金融、不動産系**
- **医療、美容系**
- **転職系**

このような単価の高いジャンルに特化すると、稼ぎやすくなります。たとえば筆者はマンションディベロッパーに勤めていたので、不動産特化ライターとして活動していました。

どうして特化すると稼ぎやすくなるんですか？　幅広くやるほうが多くの案件を受注できる気がするのですが……。

特定のジャンルの知見が貯まると、リサーチ時間が短くなるんだよ。結果的に短時間で執筆できるようになるので、時給単価も高くなる。たとえば僕は、不動産系の SEO 記事なら 3,000 文字を 1 ～ 2 時間で書けます。一方、経験がないジャンルなら 10 時間以上かかることもありますよ。

単価の高いジャンルで特化すれば、高単価×時短の掛け合わせで、時給は跳ね上がります。あるいは特化ライターをしながら、ディレクターも担当するといった合わせ技もできるため、さまざまな可能性が考えられますね。

特化ライターのメリットとデメリットをまとめると、次の通りです。

特化ライターのメリットとデメリット

＼特化ライター／

特化ライターのメリット

- リサーチや執筆時間が短い
- 知見、経験による一次情報を盛り込みやすい（記事の質が高くなる）
- 働く時間の自由度が高い

特化ライターのデメリット

- 知見を蓄えなければ特化しにくい
- 専門知識が必要なジャンルだとチーム化しにくい
- 複数ジャンルを持つクライアントとの相性はよくない

納期に間に合えば好きなときに働けるので、ディレクターよりも時間の自由度が高くなります。

一方で、編集プロダクションやWebマーケティング会社のような、複数ジャンルを受託するクライアントとの相性がよくない点は、デメリットといえますね。また、常に勉強して専門的な知見を蓄え続ける必要もあります。

そうか……。
でもわたしは強みがないので特化は難しそうですね。

最初から特化するのは難しいので、はじめはいろいろなジャンルに挑戦して、面白いと思った分野に特化するのもありだよ。「得意ジャンルを見つける」という意識を持って、仕事に取り組むといいね。

Webライターとして仕事の幅を広げるロードマップ

Webライターで稼ぐルートにはディレクターや特化ライター以外に、**ライティングの幅を広げる方法**もあります。

たとえばSEOライターをやりながら、次のような記事の執筆・編集を手掛けることです。

- **メルマガ執筆**
- **動画のシナリオ執筆**
- **Kindleの編集**
- **インタビュー記事執筆**

最初はSEO案件から始めるケースが多いので、初心者のうちはSEOライティングのみでもOKです。ただ、いくつもロードマップを知っておき、自分で選択できる状態になりましょう。

どうして幅を広げる必要があるんですか？　さっきの特化ライターとは真逆のような気がしますが……。

最近はAIの台頭もあるので、1つの仕事だけに絞るのはややリスクがあるからですね。もちろん特化ライターとして1つの仕事だけやっていてもいいのですが、選択肢を知っておいて損はありません。

たとえば僕自身もこれまでに、数々の仕事を幅広く行っています。ライターとしてのキャリアをざっくりまとめると次の通り。

筆者のこれまでのキャリア

❶ **SEO ライターとして幅広いジャンルの案件を受注**
❷ **不動産特化ライターになる**
❸ **Kindle 編集やメルマガ執筆など仕事の幅を広げる**
❹ **書籍の執筆、編集などさらに仕事の幅を広げる**
❺ **インタビューライターも行う**
❻ **オンラインコミュニティの運営やセミナー講師なども行う**

不動産特化ライターになって以降は、Kindle 編集やその他の業務も並行してきました。これらのキャリアを経て、現在は文章を起点に幅広く活動しています。

すごい！　Web ライターから、こんなにいろいろな仕事に広げられるんですね。

SEO 以外にも案件はあるし、いろいろな道筋があるので、1 つにとらわれずに自分で道を切り開いていきましょう！

02

SEOの基礎を学ぼう

もっとも多いSEOライティング

ここからは、いよいよWebライティングの実践的な内容に入っていきます。本書をひと通り勉強すれば、案件を受注できるスキルが身につきますよ。

まずは、**SEOライティング**の基礎について学びましょう！

SEO対策とは

SEOとは「Search Engine Optimization」の略で、日本語に訳すと「検索エンジン最適化」です。

簡単に言うと、Googleなどの検索エンジンで検索をした際に、自分が書いた記事を検索結果の上位に表示させる施策のことです。「SEO対策」ということもあります。

なんだか難しそうですね……。説明を聞いただけでは、よく分かりません。

たとえば「ノートPC　お勧め」というキーワードで記事を書いてほしいという依頼が届いたとする。その場合「ノートPC　お勧め」で検索したときに、検索上位に表示される記事を書いてほしいということ。そのための一連の施策を「SEO対策」と呼ぶんだよ。

SEOライティングとは

SEOライティングとは「検索結果で上位に表示させるための記事の書き方」を意味します。

細かいコツやテクニックはいろいろあるのですが、SEOライティングの本質は「そのキーワードで検索した人の悩みを解決する記事を書く」こと。つまり、**読者の検索ニーズを満たす**ことです。

ニーズを満たすためのライティングのポイントは、主に次の３つです。

SEOライティングのポイント

- **検索ニーズを網羅した構成を作る**
- **自分の体験談など具体的な内容を書く**
- **わかりやすい文章を書く**

上記を満たした記事はユーザーの満足度が上がるため、**検索エンジンからも「いい記事だ」と判断されやすくなります**。結果として上位表示される可能性が高まるのです。

構成の作り方やわかりやすい文章の書き方は、後ほど解説しますね。

SEOにおいて「検索ニーズを満たすこと」が重要な理由

ここからは、SEOの本質をもう少し説明します。

検索エンジンは「いい記事を上位に表示させたい」と考えています。ここで言う「いい記事」とは、ユーザーのニーズを満たす記事です。

どうして「ユーザーにとっていい記事」を表示する必要があるんですか？ いい記事かどうかなんて、検索エンジンを運営するGoogleなどには関係なさそうですけど……。

ユーザーが満足する記事を表示させたほうが、検索エンジンを使う人が増えるからね。多くの人に使ってもらうほど、検索エンジンを運営している企業に入る報酬（広告収入）が増える仕組みなんだよ。

その反対に、検索エンジンが避けたいのは次の状況です。

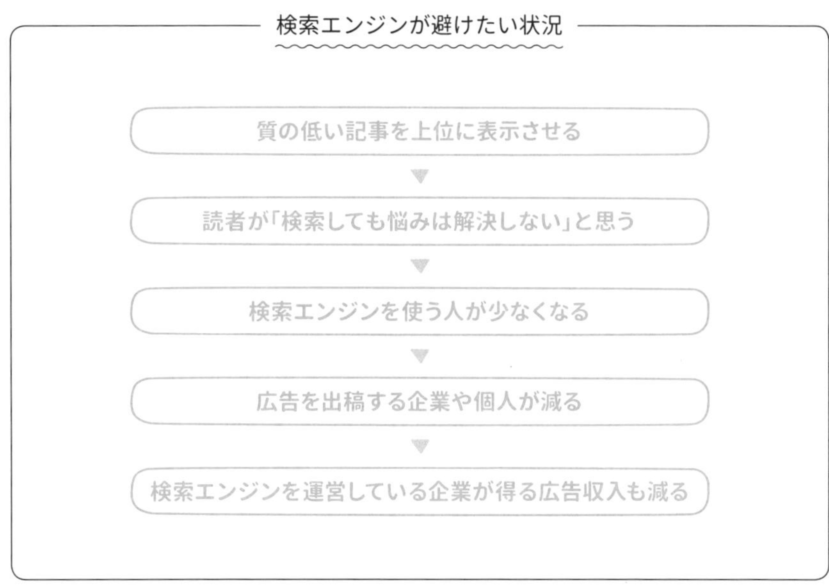

検索した際にイマイチな記事を上位表示すると、検索エンジンの運営企業にもダメージがあります。だからユーザーが満足する記事を上位表示させたいと考えているのです。

記事の評価基準は？

どの記事を上位に表示するかという評価基準は公開されていませんが、推測される指標はあります。たとえば、ニーズを満たしている記事は熟読されやすいので、読者が記事に滞在する時間が長くなります。また、その記事を読むことで悩みが解決されていれば、他の記事に遷移することもないでしょう。

そのため、記事の評価には「**読者の滞在時間**」や「**再検索の有無**」「**読了率**(どこまで記事を読んだか)」などが関係していると考えられています。

SEOとともに覚えておきたいワードが「SGE」です。SGEとは「Search Generative Experience」の略で、生成系AI（ジェネレーティブAI）を検索エンジンに導入したもの。
検索に対する回答を生成系AIが作り出し、検索結果の一番上に回答文を表示することが特徴です。これにより、記事をクリックしなくても悩みが解決する場合があるため、「SEOは終わりだ」という話もあります。
しかし生成AIが作り出した文章だけでは信用できず、個別記事を読むケースも多々あるでしょう。なので一旦は気にしなくていいと考えています。
いずれにせよ、SEOライティングを学んでおけばライターとしての土台を作れるので、未来がどうなろうと学んでおいたほうがいいです。

03

メディアの仕組みを知ろう

メディアはどう収益化しているか

ここでは、**Webメディアの収益化の仕組み**を解説します。

というのも、メディアがどのように収益化しているかを知っておけば、クライアントに利益をもたらすことができるからです。

Webライターは記事を書くだけじゃないんですか？　メディアを運営するわけじゃないから、仕組みは知る必要ないと思うんですが……。

仕組みを知らないとクライアントが満足する記事は書けないんだよ。たとえば、「自社の商品を売る」ことで収益化しているメディアで記事を書くとしよう。どう収益化しているかを知っていたら、その記事の最後に「商品を促す文章」を書けるよね。そうすればクライアントの満足度は上がります。

継続的に依頼されるために、メディアの目的や収益化の仕組みを知っておきましょう。収益化の方法は複数ありますが、中でも多いのは次の3つです。

- **自社商品の販売、申し込みにつなげる**
- **アフィリエイトで報酬を得る**
- **広告収入を得る**

SEOライティングの案件で多いのは上記の3つなので、まずはこれだけ知っておけばOKです！

自社商品の販売、申し込みにつなげる

「**自社商品**」とは、クライアントが自社で開発や販売をしている商品やサービスのこと。

たとえば、不動産仲介会社なら「不動産の仲介」自体がサービスであり、化粧品メーカーなら「化粧品」が商品です。法人向け（toB）の商品や、有料セミナーなども自社商品やサービスに含まれます。

自社商品を持っている企業や個人は、Webメディアを通して商品の販売、契約につなげることで収益化しています。

ということは、Webライターは何らかの商品を売る記事を書くのでしょうか？

必ずしも、書いた記事から収益化しているとは限らないよ。最終的に収益を上げることが目的であって、記事では資料請求や無料相談につなげるパターンもあるんだ。具体例を紹介しますね。

具体例：不動産会社のメディアの場合

- **自社サービス：不動産の仲介サービス**
- **記事のゴール：マンション売却の査定**

不動産会社のメディアの場合、収益化は「自社で仲介する」ことが多いです。不動産を仲介すれば手数料収入を得られますからね。ただし、記事では「うちで仲介します」と訴求するのではなく、「無料査定しましょう」と呼び掛けることが多いですね。

というのも、いきなり「うちの会社で仲介します！」と言っても「はい、お願いします」とはならないからです。そのため、まずは「無料で査定します」と案内して、そこから信頼を勝ち取り、自社で仲介をさせてもらう流れをつくるのです。

なるほど！　じゃあこの場合は、「無料査定」につながるような記事を書くんですね。

その通り。たとえば「マンションの売却価格を調べる方法（キーワード：マンション　価格　調べる）」という記事を書いて、最終的に「無料査定してみましょう」と促す。その記事では収益化できないけど、その後に「仲介契約」を結べば収益化できるというわけです。

まとめると次の通りです。

不動産会社のメディアの収益化の流れ

❶ 狙っているキーワード（今回の場合は「マンション　価格　調べる」）で上位表示させて読者を集める

▼

❷ 読者が知りたいことを記事に書く

▼

❸ 自社の無料査定を申し込んでもらう（＝見込み顧客を集める）

▼

❹ 将来的に仲介契約を結んでもらう（＝収益化をする）

このうち、Webライターが直接担うのは❶❷の執筆作業です。その際、❸の査定申し込みにつながるような文章を書けると、仕事を継続依頼されるようになりますよ。だから、メディアの目的を知る必要があるのです。

アフィリエイトで報酬を得る

「**アフィリエイト**」とは成果報酬型の広告のこと。他社の商品を記事内で紹介して、売れた分の報酬をもらう仕組みです。前項では「自社商品の販売」を説明しましたが、アフィリエイトでは「他社の商品を売る」のが特徴です。

商品レビューや比較記事が多いメディアもあれば、転職系や金融系などのジャンルに特化したメディアもあります。取り扱われる商材は、Amazonや楽天などの「物品販売」をはじめ、「サービスの申し込み」や「資料請求」などさまざまです。

アフィリエイトは、個人ブロガーが行っているイメージがありますね。

もちろん、個人が行っているケースもあるけど、最近では企業が収益源のひとつとして取り組んでいる場合もあるよ。

「ちょっとよくわからない……」という人もいると思うので、アフィリエイトサイトで収益化する場合の具体例を紹介します。

具体例：金融系のアフィリエイトサイト

記事のゴールや収益化	**証券会社の口座開設**

たとえば金融系のアフィリエイトサイトを運営しているメディアの中には、「証券会社の口座開設」を収益源としている場合があります。

そのようなメディアを運営している会社がクライアントのときは、「株式投資のメリット・デメリットを解説する記事」や「株式投資の初心者のために証券会社を比較する記事」などを依頼されるでしょう。

その記事を読んだ読者が証券会社で口座を開設したら、メディア運営者はアフィリエイト収入を得るというわけです（アフィエイト報酬を得る条件はさまざまです）。これがアフィリエイトで報酬を得る仕組みです。

広告収入を得る

メディアに他社の広告を掲載することで収入を得るのも、収益化の方法の１つです。記事を読んでいるときに、記事内やサイドバーにバナーが出てきますよね？　あれがまさに広告です。その広告を表示されたとき、あるいはクリックされたときにメディア運営者は報酬を得ます。「商品の販売につなげるわけではない」という点が先に紹介した２つ（自社商品やアフィリエイト）とは異なりますね。

広告収入を得ているメディアは、ニュースメディアのようにPV（ページビュー：閲覧数）が多いのが特徴です。他社からすると、PVが多いメディアに広告を出せば、多くの人の目に触れるというメリットがあります。

04

ライティングの基礎を学ぼう

Webライティング特有の書き方

SEOの基礎とメディアの仕組みがわかったから、もう記事を書けますね！

その前にライティングの基礎を学ぼう。Webライティングには、学校で習う作文や小説とは違う「特有の書き方」があるんだよ。

本書ではWebライティングの基礎を、次のレベル1～5に分けて解説します。

Webライティングの基礎

	❶	❷
レベル1	❶ 3つのnot	❷ PREP法
レベル2	❶ 一文は短く	❷ 語尾の連続
レベル3	❶ シンプルな文章構造	❷ 冗長表現
レベル4	❶ 漢字とひらがな	❷ 改行
レベル5	❶ 明確な接続関係	❷ 接続詞の注意点

未経験者や初心者は、この10個だけマスターすればまずはOKです！ひとつずつ見ていきましょう。

レベル1 ❶ 3つのnot

ライティングの基礎として、最初に「**3つのnot**」を押さえておきましょう。

Webサイトの記事を読む人には、次の3つの特徴があります。

❶ **読まない**
❷ **信じない**
❸ **行動しない**

これらの行動や心理を理解したうえで記事を書くことが重要です。

❶読まない

検索してWebサイトに訪れる人は、「記事を読みたい」のではなく「**情**

報が欲しい」と思っています。その状況における Web ライターの役目は**読者の知りたい情報を提示すること**です。

具体的には次のような内容を端的に伝える必要があります。

- **悩みを解決する方法**
- **解決できる根拠**
- **根拠がわかるような具体例**

「読者は文章を読まない」ことを踏まえたうえでライティングしましょう。具体的な書き方は後ほど説明します。

❷信じない

記事内で情報を提供しても、読者はなかなか信用しません。

良い情報だとしても「本当かな？」と思ったら、その根拠を検索し始めます。疑問や不安を抱いた瞬間、読者はすぐに記事を離脱し、他の記事を探しにいってしまうのです。

そのため、記事に長く滞在してもらうには、**読者に信用してもらえるような根拠や具体例**を見せる必要があります。その際に有効なのは、公的機関の Web サイトや資料などです。商品、サービスの紹介記事なら販売元の公式情報を引用することも欠かせません。

とにかく、読者はなかなか信用してくれないので、信用される情報を元に記事を執筆する必要があります。

❸行動しない

読者は記事を読んでも行動しません。急を要するものでない限り、やったほうがよいことも後回しにしてしまうのは、誰しもがあるでしょう。

無料で閲覧できる Web 記事ならなおさらです。必要ならまた見ればよいと考え、ページを閉じてしまいます。

しかし記事を提供しているメディア側は、読者に対してすぐに行動してほしいと思っています。そのため、**読者の背中をそっと押すような文章**を書く必要があるのです。

この3つのnotは非常に重要な考えなので、頭に入れておきしょう。次から、具体的なWebライティングの方法について解説しますが、すべての根底にこの考えがあります。

レベル1 ② PREP法

PREP法とは文章の型の1つで、下表のように「P ➡ R ➡ E ➡ P」の順番で書く方法です。Webライティングでよく用いられる書き方ですね。

PREP法

要素	例文
Point （結論）	結論は、○○です。
Reason （理由）	なぜなら、△△だからです。
Example （具体例）	たとえば、××があります。
Point （まとめ）	したがって、○○です。

PREP法はこの順番ばかり注目されることが多いですが、それは本質ではありません。機械的に順番どおり文章を並べるだけでは、質の高い記事にはならないのです。

P➡R➡E➡Pの順番を丸暗記したらダメなんですか？

「なぜこの順番がいいか」という本質を理解することが重要だよ。PREP 法の本質は「読者の疑問を先回りして解決してあげること」です。

読者の疑問を先回りするって、どういうことですか？

3 つの not で説明したように、読者は記事の内容をそう簡単には信じません。文章を読んでいる最中も、頭の中には次のような疑問が浮かんでいるんだよ。その答えを先に提示してあげましょう。

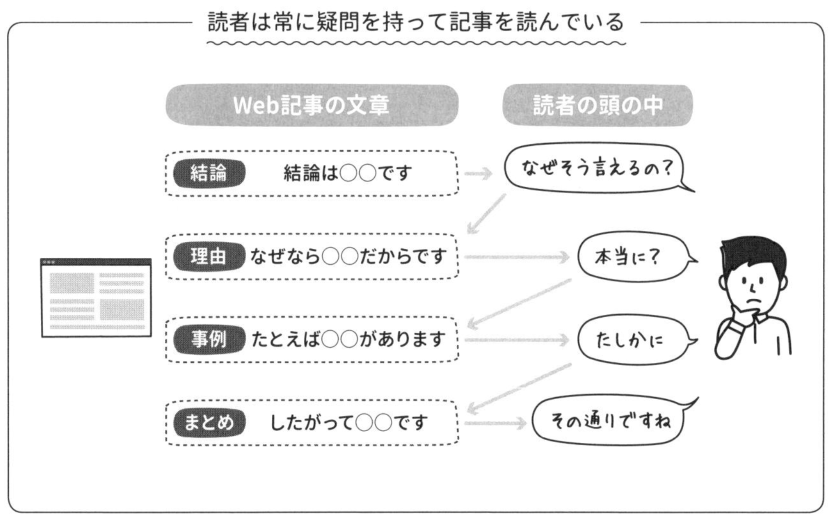

このように、読者の疑問を自然と先回りできるのがPREP法です。本質を理解して型を用いれば、クオリティの高い記事が書けるようになりますよ。

Web記事では簡潔でわかりやすい文章が好まれるので、一文を短くしましょう。

繰り返しますが、読者は情報を探しているのであって、文章を読みたいわけではないからです。

また、文章が長くなると読みにくいと感じるため、一文の文字数は60文字以下にとどめるのが目安です。WordやGoogleドキュメントなら1.5行くらいと考えておきましょう。

文字数を毎回数えるの大変そう……。

文字数を厳密に数える必要はないよ。1.5行より長くなりそうだったら、「二文に分けたほうがわかりやすいかな？」と考えてみよう。そのうえで読みやすいと判断したなら、60文字以上になっても問題ありません。

レベル2 ❷ 語尾の連続

語尾の使い方によって、文章の印象は大きく変わります。次の3つのポイントを意識しましょう。

- **同じ語尾は二連続までに留める**
- **特徴的な語尾は二連続も避ける**
- **語尾のレパートリーを知る**

語尾の連続とは「～です。～です。」のように、同じ語尾を続けて書くことです。三回続けると稚拙に感じるため、基本は二連続までに留めましょう。案件によって執筆ルールは異なりますが、Webライティングでは「3回連続はNG」が定説です。

また、「ください」や「でしょう」などの語尾は印象に残りやすいため、2連続も避けたほうがいいでしょう。

語尾の連続を避けるためには、次のように文末のレパートリーを知っておくことが重要です。

語尾のレパートリーの一例

- **～でしょう。**
- **～ましょう。**
- **～ですね。～ますね。**
- **～ください。**
- **～かもしれません。**
- **～ません。**
- **～でしょうか。**
- **～でした。**
- **～ました。**
- **体言止め（例：～～が重要。）**

クライアントによっては禁止されている語尾もあるので、執筆するときに確認してみてください。

レベル3 ① シンプルな文章構造

文章を分かりやすく書くコツは、シンプルな構造にすることです。具体的には「**主語と述語を近づける**」こと。

主語と述語が遠くなると、結論がわからない状態で読み進めるため、意味がわかりにくくなります。

事例を挙げます。

OK　私は **Webライター向けの書籍を** 出版しました。**目的は「認知の拡大」と「自分のオンラインコミュニティへの集客」、そして「新たな収益源」という三点です。**

NG　私は **「認知の拡大」と「自分のオンラインコミュニティへの集客」、そして「新たな収益源」という目的で、Webライター向けの書籍を** 出版しました。

NG例も絶対にダメではありません。しかし、「私は」という主語と「出版しました」という述語が遠いため、やや理解しにくくなっています。こういう構造の文章が連続すると、知らず知らずのうちに読者は疲れてしまい、記事の離脱率が上がってしまうので要注意。

また、主語と述語が遠いときは一文も長くなっている恐れがあるため、なるべく近づけましょう。

レベル3 ② 冗長表現

まわりくどい表現（冗長表現）は、別の言い回しに変えましょう。冗長な表現は理解しにくいため、読者の離脱率を上げてしまうからです。

よくある冗長表現は次の３つです。

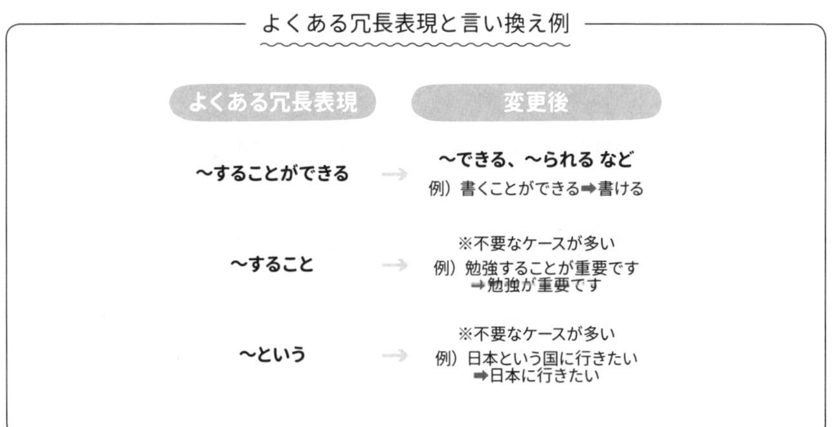

冗長表現をなくすには、記事内での検索が有効です。「という」「ことができ」「すること」などを探し、１つずつ修正していきましょう。

「Ctrl＋F」あるいは「command＋F」で検索できるので、文章を見直すときに使ってみてください。

ただ、本質は読者に伝わりやすい文章を書くこと。置き換えることによって文章のニュアンスが変わったり、わかりにくくなったりするのはよくありません。

冗長表現を置き換えてわかりにくくなるって、どういうことですか？

たとえば「食べられる」には、「(自分が) 食べることができる」という意味のほかに、「(○○さんが) 召し上がる」という尊敬語の意味もあるんだよ。そのため、「食べられる」と書くとどちらの意味か判断できないから、「食べることができる」と書いたほうが、意味が伝わりやすいんだ。

レベル4 ❶ 漢字とひらがな

ひらがなと漢字のバランスが悪い文章は、なるべく書かないようにしましょう。ひらがなが多いと文章の切れ目がわかりにくくなりますし、漢字が多いとギュッと詰まって読みにくくなるからです。

「ひらがな７割・漢字３割」くらいだと、ちょうどよく感じます。もちろん、わざわざ比率をカウントする必要はなく感覚でOKです。

ひらがなと漢字について、意識したいポイントは次の４つです。

- **難しい漢字は使わない**
- **漢字が４～６文字続く場合は、ひらがなや読点を入れる**
- **ひらがなが続きすぎる場合は、熟語や漢字表記に置き換える**
- **最終的にはクライアントの意向に合わせる**

● 難しい漢字は使わない

難しい漢字はひらがなや違う単語に置き換えるか、あるいは削除しましょう。読みにくいだけでなく、読者に読み飛ばされるケースもあるからです。

たとえば「殆どです」という文章を見て、「殆ど？　何て読むんだろう？」と思った人は、わざわざ読み方を調べません。つまり文章の意味を理解しないまま読み進めてしまうため、離脱されやすくなるのです。この場合は「ほとんどです」とひらがなにしましょう。

● 漢字が４～６文字続く場合は、ひらがなや読点を入れる

漢字が４文字続くと、四字熟語のように見えてしまう場合があります。

たとえば「質が高い分高価格です」という文章を見ると、「分高価格という四字熟語？」と読者に受け取られる恐れがあるのです。読点を入れて「質が高い分、高価格です」と書きましょう。あるいは、「質が高いので価格も高くなります」と言い換えてもいいですね。

● ひらがなが続きすぎる場合は漢字を混ぜる

ひらがなが続きすぎても、文の切れ目がわかりづらく、読みにくくなります。

たとえば「こたえづらいときはひとつのこたえではなくいくつかの案をえらんでください」という文章は、読みにくいですよね。この場合は、熟語や漢字表記に置き換えましょう。

「回答しにくい場合は一つに絞らず複数の案を選んでください」とすると、単語の切れ目がわかるようになります。

● 最終的にはクライアントの意向に合わせる

同じ単語でもメディアによって漢字だったり、ひらがなだったりと、扱いが異なります。

クライアント側で表記ルールが決められている場合は、それに従いましょう。

もし決められていない場合は、納品先メディアの既存記事を見て、ひらがなで書くか漢字で書くかを判断します。

レベル4 ② 改行

読みやすいWeb記事を書くには、改行も重要です。次の3つのポイントを確認しましょう。

- **2～3行で改行する（Googleドキュメント・Word上で）**
- **スマホ表示も意識する**
- **メディアのルールに合わせる**

改行が一切なく文字が詰まっていると読みにくく感じます。そのためWordやGoogleドキュメント上なら、2～3行で改行するのが目安です。ただし、パソコンの画面で見たときは問題なくても、同じ文章をスマホで表示すると読みにくいということも少なくありません。できれば納品前にスマホ表示をチェックしてみるといいですね。納品先によって、パソコン・スマホのどちらを重視しているかは異なるので、確認してみてください。改行のルールが細かく指定されているのは、Web記事ならではでしょう。メディアごとにルールは異なるので、納品先に合わせることが基本です。

ここまで８行にわたって改行なしでしたが、読みにくいですよね。本で読んでいればまだしも、この文章をスマホの画面で見た場合、さらに読みにくいはず。だから改行は重要なのです。

ちなみに、個人ブログの文章は改行が多い傾向にあります。一方で金融系などのお堅いメディアは改行が少なめのイメージ（3～5行くらい）です。いずれにしろクライアントに合わせましょう！

レベル5 ❶ 明確な接続関係

前後の接続関係を明確にすることも、わかりやすい文章を書く秘訣です。具体的なポイントは次の２つです。

- **接続関係が明確な接続助詞を使う**
- **「が」は逆接と前置きのときだけ使う**

● 接続関係が明確な接続助詞を使う

接続助詞とは、文節をつなぐ助詞のことです。

次ページの表のように前後の関連性が明確なものと不明確なものがあります。

接続助詞

接続関係	関連性	接続助詞
因果関係を示す	○	●〜ために ●〜によって ●〜ので ●〜（だ）から
逆接を示す	○	●〜ですが ●〜なものの ●〜にもかかわらず
仮定を示す	○	●〜れば ●〜ても
並立を示す	△	●〜し

※○＝明確、△＝不明確

前後の関連性が明確な接続助詞を使うと、読者が頭の中で話の展開を組み立てやすくなります。

事例を挙げます。

○ 書籍を出版したことによって、
ライティング案件の依頼が増えた。
△ 書籍を出版し、ライティング案件の依頼が増えた。

○のほうがわかりやすいですよね。

△がややわかりにくく感じるのは、前後の因果関係がわからないためです。

「書籍を出版したことが理由で増えたの？」
「書籍の出版と依頼が増えたことは、同時進行？」
「書籍を出版した後で、依頼が増えたの？」

と、いろいろな意味に捉えられます。

前後のつながりが不明瞭な箇所があると、読者は「わかりにくい」と感じてしまうのです。

○がわかりやすい理由は、因果関係が明確な接続助詞（〜によって）を使っているため、読者が予測しやすいから。

〜によって、という接続助詞を読者が読んだときに「書籍を出版したことで、(プラスかマイナスかは分からないけど) 何かが起こった」と予想しながら読めます。だから文章を理解しやすいのです。

●「が」は逆接と前置きのときだけ使う

接続助詞の「が」には、下表のように逆接と非逆接があるほか、前置きに使われる「が」もあります。

わかりやすい文章を書くには「が」は逆接と前置きのときに使い、非逆接には使わないことがポイントです。

接続助詞「が」の例文

接続の種類	利用	例文
逆接	○	●景気は低迷しましたが、売上は好調でした。
非逆接	△	●次回の会議ですが、10時から開催します。
前置き	○	●繰り返しになりますが、 ●改めて言いますが、 ●さっそくですが、

非逆接の文章は「が」の前後で文章が逆の意味になっていません。

しかし、読者としては接続助詞「が」が使われているため、「逆の意味の文章が続くはず」と思っていたのに、予想とは別の文章が書かれているため混乱してしまいます。

こういった非逆接の箇所がいくつもあると、記事全体がわかりにくくなってしまいます。

なお、前置きの「が」は逆説ではありません。ただ、一旦意味が区切られているため読者は混乱しないでしょう。

非逆接の「が」を使わないとしたら、どうやって文章をつなげばいいんですか？

いろいろ方法はあるけど、この場合は助詞を「は」に換えるといいよ。たとえば「次回の会議ですが、10時から開催します」なら「次回の会議は、10時から開催します」でOK。

私は非逆接の「が」をよく使ってしまいます……。

普段から「これは非逆説ではないか？」と意識しておくといいよ。

レベル5 ② 接続詞の注意点

文章のわかりやすさにおいて接続詞は重要なので、次の3つのポイントを知っておきましょう。

- **接続詞は削除しすぎない**
- **意味が通るなら削除してもOK**
- **削除するかどうかは推敲時に判断する**

前提として、接続詞があったほうが次の展開を予想しながら読めるため、文章の意味は理解しやすくなります。

とはいえ、なくても意味が通るならカットしましょう。削除しやすいのは順接の接続詞です。

一方、逆接は前後の文章で逆のことを言っているため、基本的に削除してはいけません。

削除しやすい接続詞と削除しにくい接続詞

接続の種類	削除のしやすさ	接続詞
順接	削除しやすい	● なぜなら ● また ● そして ● だから
逆接	削除しない ほうがよい	● しかし ● とはいえ ● ただし

もちろん、順接だからといってすべて削除するわけではありません。

接続詞を削除するかどうかは、執筆時に考えるとなかなか筆が進まないので、一旦書き上げてから推敲時（文章の見直し時）に考えればOKです。

推敲時に接続詞を抜いてみて意味が通じるなら削除しよう。

構成を作ろう

記事の構成とは

1章で「構成とは何か」について簡単に説明しましたが、ここでは実践編として構成の作り方を解説します。

構成とは（1章のおさらい）

- **記事の目次、骨組みのようなもの**
- **見出しだけを書き出した状態**

構成をしっかり作れるようになると記事のクオリティが上がるため、必ずマスターしましょう。

作り方は人によっていろいろなパターンがあり、正解はありません。クライアントによっては、フォーマットを用意している場合もあります。

構成を作る手順は次の通りです。

1. **記事の目的を明確にする**
2. **読者の気持ちを想像して仮の構成を作る**
3. **サジェストや上位記事を確認する**
4. **読者ニーズを深掘りして情報を追加する**
5. **一次情報を盛り込む**
6. **見出しを調整する（順番・項目・文言）**

ぜひ本書を参考にしながら、実際に手を動かしてくださいね。

構成作成を動画で見たい方は、こちらの無料メルマガに登録ください。

登録時に送られてくるメールに「構成作成の実演動画」があります。

◆（無料）文章力を上げるメルマガ
https://freewriter1.com/p/r/euMKFGQF/

準備編：シークレットモードを使おう

実際の作業に入る前に、Web ブラウザの「**シークレットモード（シークレットウィンドウ）**」について知っておきましょう。

シークレットモードの開き方（Chrome の場合）

1. **画面右上の「⋮」をクリックする**
2. **「新しいシークレットウィンドウ」を選択する**

あるいは Ctrl （command ）＋ Shift ＋ N キーでもシークレットウィンドウを開けます。

シークレットモードではない場合（通常モード）は、これまでのサイトの閲覧履歴やよく見るサイトのデータをもとに、自分に合わせた（パーソナライズされた）検索結果が出てくるようになっています。

一般ユーザーの検索結果とは違う画面になるので、閲覧履歴などを反映させないシークレットモードを使ってリサーチしましょう。

構成の基礎知識：見出しとは

実際の作業に入る前にもう1つ、「**見出し**」について説明させてください。見出しとは、本で例えると「目次に書かれている章のタイトル」です。構成を作る上で欠かせないため、はじめに理解しておきましょう。

記事内では、見出し部分は背景色や太文字などで装飾されています。たとえば本書でいうと、すぐ上部にある「構成の基礎知識：見出しとは」がまさに見出しですね。

● H2～H4（大見出し～小見出し）とは

SEO記事で使う見出しには、主に次の3つがあります。

- **H2＝大見出し**
- **H3＝中見出し**
- **H4＝小見出し**

H5以降も存在しますが、Webライティングの案件で使うことはほとんどありません。

H2～H4は、Webサイトを作るときに使うタグ（コード）の名称です。記事を書く際には、タグは「<h2>」「</h2>」のように表記するケースがあるので、覚えておくといいですね。

構成

<h2>1 章：そもそも Web ライターって何する仕事？</h2>
<h3>Web ライターとは何をする仕事か？</h3>
<h3>Web ライターの仕事の進め方</h3>
<h2>2 章：Web ライターのメリット・デメリット</h2>
<h3>8 つのメリットを理解しよう</h3>
<h4>①好きな時間に働ける</h4>
<h4>②初期費用がほぼかからない</h4>
⋮
<h3>5 つのデメリットを理解しよう</h3>
⋮

見出しをどのように表記するかは案件によって異なります。特に指定がなければ、「大見出し：〇〇」「中見出し：〇〇」「小見出し：〇〇」など、クライアントが理解できれば何でも OK です。

大見出し～小見出しは、文字どおり大見出しは大きなくくり、小出しは小さなくくりという意味です。

上記の例で言うと、1 章・2 章という一番大きなくくりが大見出し（＝H2）になります。その中で、内容ごとに見出しを分ける場合は中見出し（＝H3）となり、さらに細かく分ける場合は小見出し（＝ H4）になります。

● 見出し＝「情報をグルーピングしてつけたラベル」

H2 ～ H4（大見出し～小見出し）の概念は分かりましたが、どうやって見出しをつければいいんでしょうか？

見出しは「似たような情報をグループ分けして、各グループにつける名称（ラベル）」と考えるといいよ。

先ほど挙げた構成の例でいうと「< h3 > 8 つのメリットを理解しよう < /h3 >」の中には、メリットが8つ書かれています。

```
<h3>8 つのメリットを理解しよう</h3>
    <h4>①好きな時間に働ける</h4>
    <h4>②初期費用がほぼかからない</h4>
    ⋮
```

それぞれのメリットは、上記のように①②と h4（小見出し）として書いています。それに「8つのメリット」というラベル（h3 の中見出し）をつけた状態ですね。こんな感じで、見出しを付けるのは「情報をグルーピングしてラベルをつける作業」と考えるとわかりやすいですよ。

❶ 記事の目的（ゴール）を明確にする

ここからは実際に構成を作る作業です。

最初に次の項目を確認して、記事の目的（ゴール）を明確にします。

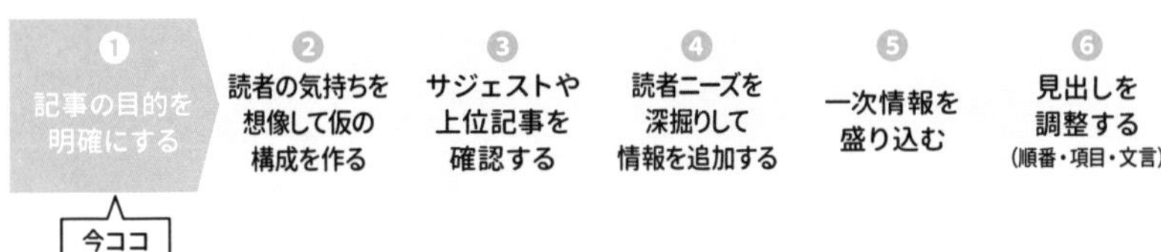

確認すること

- **記事で訴求するもの（ゴール）**
- **キーワード**

先述した通り、記事制作の目的は「クライアントの収益につなげること」です。そのため、クライアントが「この記事で何をしたいのか」というゴールを知らなければなりません。

たとえば、不動産会社なら「自社の無料査定に申し込んでほしい」、金融系メディアなら「自社（証券会社）の口座開設につなげたい」、あるいは「記事内でお勧めしている証券会社の口座開設（アフィリエイト）につなげたい」がゴールです。

訴求先の指定がない場合は、クライアントに確認しましょう。その際「訴求するものは何ですか？」と質問するよりも、次のように自分で想像してから聞いてみるといいですね。

「キーワードから考えると、〇〇を訴求したいと思っておりますが、合っていますか？」といった感じです。クライアントの負担を減らせるだけでなく、自分で考えることによってそのメディアのことを深く理解できます。

❷ 読者の気持ちを想像して仮の構成を作る

❶ 記事の目的を明確にする
❷ 読者の気持ちを想像して仮の構成を作る（今ココ）
❸ サジェストや上位記事を確認する
❹ 読者ニーズを深掘りして情報を追加する
❺ 一次情報を盛り込む
❻ 見出しを調整する（順番・項目・文言）

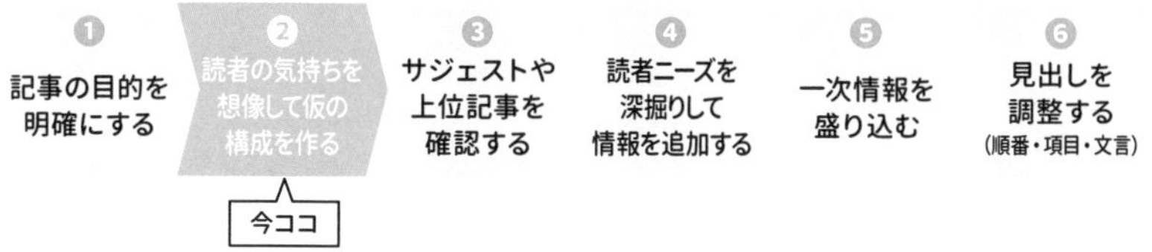

次に、自分の想像で仮の構成まで作っていきます。次の項目を想像して書き出しましょう。

- **読者の知識レベル**
- **読者の検索意図**
- **記事の想定読者**
- **仮の構成（H2まで）**

● 読者の知識レベルの想定

「**読者の知識レベル**」とは、そのキーワードを検索する人がどのくらい知っているかというレベル感のこと。

例：キーワード「副業　Web ライター」における知識レベル

「副業 Web ライター」というキーワードで検索する人は、「Webライターのことをほぼ知らない」というレベル感でしょう。

というのも、Web ライターのことを既に調べている人は、「副業 Web ライター 収入」「Web ライター 始め方」など、もう少し幅を狭めて検索するからです。

一方、「副業 Web ライター」と検索するということは、Web ライター全般について知りたい可能性が高い。あるいは、どういうキーワードで調べればいいか分からないのかもしれません。

いずれにしろ、「Web ライターのことをほぼ知らない」と言えますよね。この場合は、幅広く解説する必要があります。

このように、読者の知識レベルを想像できれば、書く内容が何となく見えてくるのです。

● 読者の検索意図（キーワード：副業　Webライター）

「**検索意図**」とは、そのキーワードを調べる目的のようなものです。

例：キーワード「副業　Web ライター」の検索意図

- **Web ライターって副業でもできるの？**
- **Web ライターってどんな仕事なの？**
- **Web ライターっていくら稼げる？　　など**

● 記事の想定読者

記事の「**想定読者**」とは「このキーワードを調べるのは、どういう人なのか」ということです。

厳密に言うと「クライアントはどんな人にこの記事を読んでほしいか」

「売りたい商品はどんな人に向けたものか」を考えるということ。

例：キーワード「副業　Web ライター」の想定読者

- **副業で Web ライターを“やってみたい”と思っている人**

ここまでに想像した読者の知識レベルや検索意図から考えると、すでに副業で Web ライターをバリバリやっている人は、想定読者ではありません。繰り返しますが、そういう人は「Web ライター　稼ぎ方」や「Web ライター　営業方法」などと検索するでしょう。

なので「副業　Web ライター」と検索する人は「これから副業で Web ライターを始めたい人」が想定読者になりますね。

クライアントによっては年齢、性別、年収、性格、など、細かく設定することもあります。その場合は、もちろんクライアントの意向に合わせましょう。

クライアントから何も言われなければ、そこまで細かく設定しなくていいんですか？

うーん、これは人によるね。個人的には、SEO 記事においてはここまで細かく設定しなくてもいいと思うよ。その人が「どんな悩み」を抱えているかを言語化できればいいかなと！

● 仮の構成（H2まで）を作る

想定読者までイメージできたら、仮の構成 (H2 まで) を作っていきます。

先ほど書き出した検索意図の各項目が、次のどれ（見出しや本文）に該当するかを振り分けましょう。

- **H2 見出しになる**
- **H3 見出しになる**
- **H4 見出しになる**
- **リード文に入れる**
- **本文に入れる**
- **記事には入れない**

これって、疑問形の検索意図を、H2 見出しの体裁に整えているんですか？

ここでやっている作業は、検索意図をそのまま H2 に直すのではなく、適切な位置への振り分けだよ。場合によっては、検索意図が H3 見出しになることもあるし、見出しではなく本文に入れるパターンもあります。

たとえば、次の図は「副業 Web ライター」のキーワードで書き出した検索意図（左）を構成（右）に変換したものです。

例：「副業 Webライター」

検索意図	仮の構成
● 副業の Web ライターには、どんな仕事内容がある？	H2 副業 Web ライターの仕事内容
● Web ライターとして副業でいくら稼げる？	H2 副業 Web ライターの収入の目安
● 実際に副業で稼いでいる人はいる？	H2 副業 Webライターの体験談・口コミ
● 副業で Web ライターをやるには、何が必要？	H2 副業 Web ライターになるために必要なもの

- Web ライターを副業でやるには、どうすればいい？（どうやって始めるの？） ▶ H2 副業 Web ライターの始め方

- Web ライターの仕事は副業としておすすめ？（見出しなし） ▶ H2 副業 Web ライターのメリット
- メリット・デメリットは？
- 副業で Web ライターの仕事をするときの注意点は？ ▶ H2 副業 Web ライターのデメリットや注意点

すごく難しいですね。ちょっと自信をなくしました……。

最初は難しいと思うよ。でも何度も繰り返していくうちにコツをつかめるから大丈夫！　どんどん記事を書いていけば、構成を作るスピードも徐々に上がっていくよ。

ここまでできたら、自分の想像で仮の構成を作る作業が完了です！

想像するコツ

検索意図を想像するコツは、自分がイメージしやすいものに置き換えることです。

例：キーワード「副業 Webライター」の場合

「副業 Web ライター」の検索意図を想像できない

▼

想像しやすいもの（「副業　営業代行」「副業　経理事務」「副業　秘書」など）に置き換える

▼

「副業　営業代行」の検索意図を書き出す

▼

置き換えた部分を「副業 Webライター」に戻す

このように自分の身近な職種に置き換えるとイメージしやすくなります。逆に「既にWebライターをやっているので、今から始める人の気持ちが想像できない」という場合は、「自分がやってみたい副業」に置き換えてみましょう。たとえば「副業 Webデザイナー」「副業 動画編集」などですね。そうすると、いろいろと疑問が湧いてきます。

- Webデザイナーって副業でも務まるのかな？
- Webデザイナーの副業の仕事ってどこで受注するの？

検索意図を書き出したら、置き換えた部分を元のキーワードに戻します。

- Webライターって副業でも務まるのかな？
- Webライターの副業の仕事ってどこで受注するの？

こんな感じで「他のものに一旦置き換える」という手法を使いましょう！

❸ サジェストキーワードや上位記事を確認する

❶ 記事の目的を明確にする

❷ 読者の気持ちを想像して仮の構成を作る

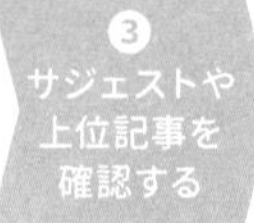

❹ 読者ニーズを深掘りして情報を追加する

❺ 一次情報を盛り込む

❻ 見出しを調整する（順番・項目・文言）

今ココ

ここからは、準備編で説明したシークレットモードを使います。次の手順で、サジェストや上位記事を参考に構成をブラッシュアップしていきます。

❶ サジェストキーワードを確認する
❷ 関連キーワードを確認する
❸ 上位記事を確認する
❹ 構成の項目（H2）を調整する

❶サジェストキーワードを確認する

「**サジェストキーワード**」とは「検索したキーワードと一緒に調べられる頻度が高いワード」のことを言います。検索窓にキーワードを入れたときに、他のキーワードの候補として検索エンジンが提案するものです。

サジェストキーワードと自分の想像で作った構成（H2）を比較して修正していきます。たとえば「副業 Web ライター」というキーワードの場合、「副業 Web ライター 始め方」「副業 Web ライター 確定申告」などが、サジェストキーワードとして挙げられます。

「副業 Web ライター」のサジェストキーワード

サジェストキーワードを確認したら、自分の想像だけで導き出した検索意図に漏れがないかを確認していきます。

たとえば前ページで見せたとおり、「副業 Web ライター 」のサジェストワードに「確定申告」というキーワードがありましたよね。これは「副業で Web ライターをやる場合、確定申告は必要なのか？」という検索意図があるということです。これは想像だけでは導き出せなかったキーワードなので、

- **仮の構成に入れるかどうか、入れるならどこに入れるか**
- **今回の記事には入れないほうがいいか**

を考えていきます。

例に挙げた「副業 Web ライター 確定申告」であれば、「H2　副業 Web ライターのデメリットや注意点」の中に、確定申告に関するＨ３を作るか検討する、というイメージです。

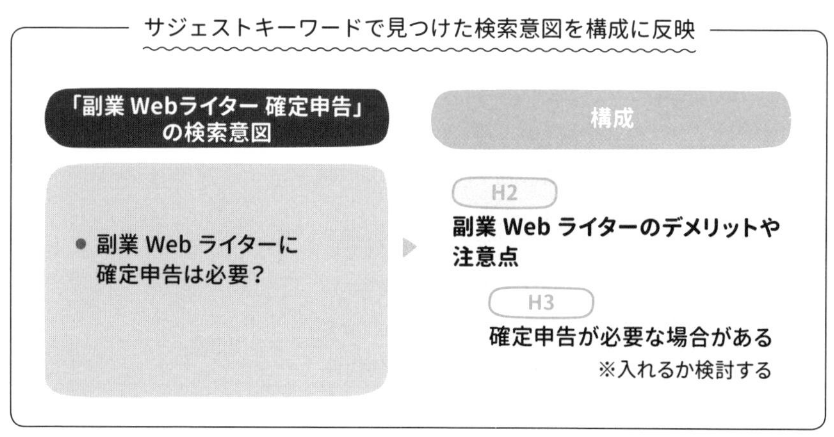

こんな感じで、サジェストキーワードの検索意図を見て、構成を調整していきます。

❷関連キーワードを確認する

「**関連キーワード**」とは「検索キーワードと似たようなニーズがあると考えられるワード」です。キーワード検索をすると、検索結果ページ下部に関連キーワードが提示されます。

こちらもサジェストキーワードと同様に、他の検索意図がないかを確認して、構成を修正していきましょう。

たとえば「ライター 副業 在宅」という関連キーワードから想像できるのは「副業Webライターは在宅で働けるのか？」という検索意図です。

この検索意図を構成に追加するかを検討します。

なるほど。こうやって自分の構成をどんどんブラッシュアップしていくんですね。

❸上位記事を確認する

次に、実際にキーワードを検索して上位記事をチェックしていきます。具体的には次の内容を確認しましょう。

- **タイトルを見て上位記事の方向性を確認する**
- **上位記事の構成や特徴を確認する**
- **上位記事に多く盛り込まれている内容をピックアップする**

まずは、検索結果の1ページ目にある記事のタイトルだけを見て、上位記事の全体的な方向性を確認します。

たとえば「副業 Webライター」の上位記事には、主に次の3種類がありました。仮で作った構成の方向性と合っているのでOKですね。

- **副業 Webライターの始め方についての記事**
- **副業 Webライターの稼ぎ方についての記事**
- **副業 Webライターについて網羅的な記事**

次に1記事ずつアクセスして、構成を確認します。

何記事も確認するのは、時間がかかりそうですね。

上位記事を一字一句すべて読むわけではないよ。目次を見ておおまかな内容を把握した後、ザーッとスクロールしながら、どんな感じの記事か見ればOK。

上位記事を確認するときは、次に挙げる点に注目しましょう。

上位記事を見るときのポイント

- ざっくりと、どんなことが書かれているか
- 情報量は多いか
- どういう装飾をしているか
- 図解や画像は多いか

たとえば「各見出しの情報量は少なめで全体を網羅した記事が多い。図解や画像は少なく、基本は文章で説明している」などの特徴が見えてきます。

次に、上位記事の内容を確認して、目次から気になる部分をピックアップしましょう。ここでは H2 見出しだけを見れば OK です。

どうやってピックアップすればいいんでしょうか？

最初のうちは、自分が読んだときに「わかりやすい」と思った記事を 3 ～ 5 記事程度、参考にすれば OK だよ。

気になる部分をピックアップって……具体的に何をピックアップすればいいですか？

まずは、「どの記事にも共通して盛り込まれている見出しがないか」を見てみるといいよ。共通して書かれているということは、読者に必要な情報と推測できるからだね。

たとえば「副業 Web ライター」の上位記事では、次の内容が共通していました。

例「副業 Web ライター」の記事に共通の内容

- **未経験でも副業 Web ライターになれる**
- **仕事の種類・業務内容**
- **収入の目安**
- **メリット・デメリット・注意点**
- **始め方・手順**
- **稼ぐコツ**

一旦、これらをピックアップしておきます（あとで使います）。

ここまでの作業で、サジェストキーワードや上位記事の確認が完了です。

ちょっと！ 補足

上位記事の目次・構成を見るには「ラッコキーワード」（https://related-keywords.com/）を使う方法もあります。

ラッコキーワードのサイトで、任意のキーワードを入力して「見出し抽出」で検索すると、上位20位までの目次が一覧で表示されます。見出しだけを効率的に見たいときに便利です。

ただし、記事の内容まではわからないので、実際のページを見た方がいいでしょう。

◆ラッコキーワード
https://related-keywords.com/

❹構成の項目（H2見出しまで）を調整する

リサーチ結果をもとに、仮の構成を修正しましょう。

先ほどの工程で、上位記事に多く盛り込まれている内容として「副業Web ライターで稼ぐコツ」をピックアップしました。これを構成に盛り込むと、次のようになります。

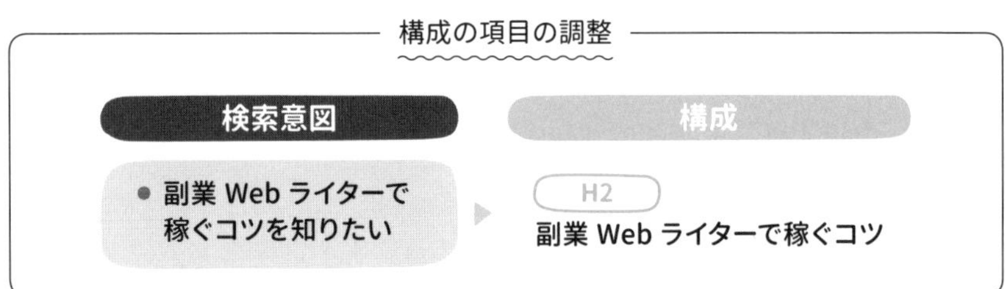

ここでは「稼ぐコツ」を H2 として、さまざまなコツを H3 で挙げていくことを想定しています。

もちろん、上位記事に盛り込まれているからといって、自分が作った構成に機械的に盛り込んではいけません。「本当に読者にとって有益だろうか？」と考え抜き、盛り込むべきかを考えます。

この取捨選択は経験がモノを言うので、どんどん記事を書いて感覚を養っていきましょう。

以上で、サジェストキーワードや上位記事をもとに、構成の項目（H2見出しまで）を調整する作業は完了です！

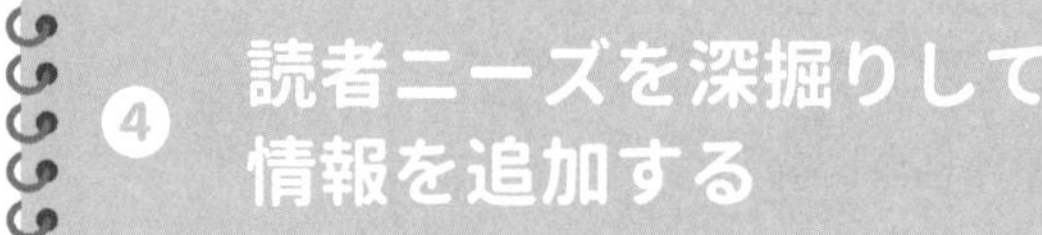

④ 読者ニーズを深掘りして情報を追加する

❶ 記事の目的を明確にする → ❷ 読者の気持ちを想像して仮の構成を作る → ❸ サジェストや上位記事を確認する → ❹ 読者ニーズを深掘りして情報を追加する（今ココ） → ❺ 一次情報を盛り込む → ❻ 見出しを調整する（順番・項目・文言）

次に、上位記事に書かれていない内容を調べて、読者ニーズを深掘りしていきます。構成をさらにブラッシュアップしていく工程です。

読者ニーズを深掘りするときに役立つのは、次の２つです。

- **Yahoo! 知恵袋（https://chiebukuro.yahoo.co.jp/）**
- **X（Twitter）**

「Yahoo! 知恵袋」は知識共有サイト（コミュニティ型Ｑ＆Ａサイト）です。利用者が質問を投稿して、他の利用者が回答することで知識を共有します。共有された質問と回答を検索できるので、読者ニーズの深堀りに利用できるのです。

たとえば、「副業　Web ライター」と Yahoo! 知恵袋で検索したところ、次のような質問が見つかりました。

- **毎週どのくらい執筆に時間をかけられていますか？**
- **毎月どのくらいの記事を執筆されますか？**

この読者ニーズを構成に活かすため、H2 や H3、本文などに振り分けていきましょう。

読者ニーズを構成に反映する

深掘りした読者ニーズ		構成
● 毎週どのくらい執筆に時間をかけられていますか？	▶	H2 副業 Web ライターの体験談・口コミ
● 毎月どのくらいの記事を執筆されますか？	▶	● 執筆時間・記事数に関する口コミを載せる

先ほどと同様、読者にとって必要な情報かどうかを判断してから盛り込もう！

⑤ 一次情報を盛り込む

❶ 記事の目的を明確にする → ❷ 読者の気持ちを想像して仮の構成を作る → ❸ サジェストや上位記事を確認する → ❹ 読者ニーズを深掘りして情報を追加する → ❺ 一次情報を盛り込む（今ココ） → ❻ 見出しを調整する（順番・項目・文言）

さらにいい記事にするために、「**一次情報**」を盛り込んでいきます。

一次情報って何ですか？

Web ライティングでは「自分で体験して得る情報」や「体験した人から直接得られる情報」を一次情報と言うことが多いね。一方、上位記事から得られる内容は「情報の又聞き」のようなイメージで、二次情報と呼ばれます。

盛り込む理由は、「記事のクオリティがアップするから」と「SEO の観点でメリットがあるから」の２点です。

一次情報を盛り込むとオリジナルな記事になるため、他記事と差別化できるうえ、記事の信頼性が増します。その結果、記事の質が高くなるというわけです。

また、Google が「オリジナルコンテンツを推奨する」と公表しているため（https://www.blog.google/products/search/original-reporting/）、SEO 的にも有利になるとされています。

◆ Elevating original reporting in Search
https://www.blog.google/products/search/original-reporting/

自分の体験以外で一次情報を得る方法は次の通りです。

- **人から話を聞く（対面・電話）**
- **専門家の書籍を読む**
- **専門家のインタビュー記事・動画を見る**
- **YouTube でレビューを探す**

書籍や YouTube も一次情報になるんですね？

直接話を聞いているわけではないから、厳密には 1.5 ～ 2 次情報くらいだけど、ここでは一次情報として扱います！　一次情報であるか否か、というよりは、より具体的で実体験に沿った話か否か、が重要だね。

● 人から話を聞く

金融系の記事を書いているときに、法令について分からないことがあった場合、公的機関に電話をして聞いたりします。

商品レビュー系の記事なら、店頭のスタッフに話を聞いたり、カスタマーセンターに問い合わせたりするのも有効です。

● 専門家が書いた書籍を読む

書籍にも有益な情報は多い印象です。ただし、毎回書籍を購入したり、すべてのページを読んだりする必要はありません。目次で概要を把握し、記事に関係ある部分を流し読みする程度でOKです。

月額料金はかかりますが、Kindle Unlimited（Amazonが提供する電子書籍の読み放題プラン）で読める本もたくさんあります。図書館に行くのもいいですね。

書籍はどうやって選べばいいでしょうか？

そのテーマに関する専門家や実績のある人の本がいいですね。
たとえば「副業　Webライター」というキーワードなら、Webライターとして結果を出している人の本を読んでみるなど。

本書も、Webライターの経験がある筆者が書いているので、記事を書く際の参考にしてもらえると嬉しいです。

● 専門家のインタビュー記事を読む、インタビュー動画を見る

専門家から話を聞くことに近い効果があるのは、インタビュー記事やインタビュー動画を見ることです。

たとえば筆者が運営する「Webライターラボメディア」(https://nakamura-editing.co.jp/writer/)では、さまざまなジャンルで活躍するWebライターにインタビューしています。Webライター系のキーワードなら、このようなインタビュー記事も貴重な一次情報になりますよ。

◆ Webライターラボメディア「メンバーのインタビュー」
https://nakamura-editing.co.jp/writer/category/member-interview/

● YouTubeでレビューなどを探す

YouTubeにも一次情報が豊富にあります。たとえば、出演者が自ら体験する様子や体験談を語る動画も多く、Web記事のリサーチでは得られない情報などです。

上位記事を調べたけど情報が少なかったり、マイナーなジャンルだったりする場合でも、YouTubeでは詳細なレビュー動画が見つかることもあるので探してみてください。

なお、参考にした記事やYouTube動画、書籍などは「参考文献」として記事に明記することが望ましいです。記事を公開するときに明記するかどうかはクライアント判断になりますが、記事を納品する際に参考文献として載せておきましょう。

一次情報を見つけたら、これまでと同様にH2・H3・本文などに振り分け、構成に盛り込んでいきます！

⑥ 見出しの調整（順番・項目・文言）

❶ 記事の目的を明確にする
❷ 読者の気持ちを想像して仮の構成を作る
❸ サジェストや上位記事を確認する
❹ 読者ニーズを深掘りして情報を追加する
❺ 一次情報を盛り込む
❻ 見出しを調整する（順番・項目・文言）
今ココ

ここまででH2見出しの項目を出し終わりました。

次の手順でさらに見出しの調整をしていきます。

❶ H2見出しの順番を整える
❷ H3の項目をピックアップする
❸ H3見出しの順番を整える
❹ H2・H3見出しの文言を調整する

❶H2見出しの順番を整える

ピックアップしたH2見出しの順番を、次の基準で並べ替えます。

- **読者が知りたい順番にする（結論ファースト）**
- **論理展開や話の流れがスムーズになるようにする**

本章で作成してきた「副業 Webライター」のH2見出しを並べ替えた結果は次の通りです。

H2見出しの順番を入れ替える

ピックアップしたH2見出し	順番入れ替え後の構成
リード文	リード文
H2 副業 Web ライターの仕事内容	H2 副業 Web ライターの仕事内容
H2 副業 Web ライターの収入の目安	H2 副業 Web ライターの収入の目安
H2 副業 Web ライターの体験談・口コミ	H2 副業 Web ライターの体験談・口コミ
H2 副業 Webライターになるために必要なもの	H2 副業 Web ライターのメリット
H2 副業 Web ライターの始め方	H2 副業 Web ライターのデメリットや注意点
H2 副業 Web ライターのメリット	H2 副業 Web ライターで稼ぐコツ
H2 副業 Web ライターのデメリットや注意点	H2 副業 Webライターになるために必要なもの
H2 副業 Web ライターで稼ぐコツ	H2 副業 Web ライターの始め方

「読者が知りたい順番にする」という基準に合わせて、「H2:必要なもの」と「H2：始め方」の２つを記事の最後に移動させました。

というのも、「副業　Web ライター」の検索意図は「Web ライターの概要を知りたい」という、ざっくりとしたものだと思います。

「必要なものを準備して、Web ライターを始める」という具体的な行動を起こすのは、検索ニーズを満たした後になるため、記事の最後でいいと判断できます。

H2の項目と順番は、これで決定です！

❷H3の項目をピックアップする

H2見出しが確定したら、次にH3見出しをピックアップしていきます。次のような内容を参考に、どんなH3見出しを作るか考えましょう。

- **サジェストキーワード、関連キーワードを参考にする（前項までに完了済）**
- **上位記事のH3見出しを参考にする**
- **H2見出し単位で再度検索する**

「H2見出し単位で再度検索する」というのは、見出しごとに検索し直すということです。

「H2　副業Webライターのメリット」に入れるH3を調べる場合は、「副業Webライター メリット」というキーワードで検索し直します。そこで表示される上位記事を参考にしながら、H3の見出しを検討します。

また、これまで読者ニーズを探るのに利用したYahoo! 知恵袋やX（Twitter）で「副業　Webライター　メリット」を改めて深掘りしたり、書籍や経験者に話しを聞いて一次情報を盛り込んだりと、H2と同じようにH3もブラッシュアップしていきましょう。

すごく時間がかかりそうですね……。

質のいい記事を書くためにはどうしても時間がかかるね。でも、これも慣れてくれば徐々に時間を短縮できるよ。特に、特化ライターになると知見が溜まってくるから、さらに時短につながるね。

H3見出しは、必ず作るわけではありません。場合によってはH3がなく、H2単体の見出しを作るケースもあります。基本的には、H2内に並列する要素がある場合はH3を作り、なければ作らないという感じです。

H2の中に並列する要素がいくつもある場合	→ **H3を作る**	H2の中に並列する要素がない場合	→ **H3を作らず、H2単体の見出しとする**

たとえば「5つのメリット」というH2なら、5つのH3を作り、各メリットを並列させます。

❸H3見出しの順番を整える

H3見出しをピックアップできたら、順番を並べ替えましょう。考え方はH2見出しを並べ替えたときと同様です。

- **読者が知りたい順番にする（結論ファースト）**
- **論理展開や話の流れがスムーズになるようにする**

先ほどピックアップした「H2　副業Webライターのメリット」のH3を次の図のように並べ替えました。

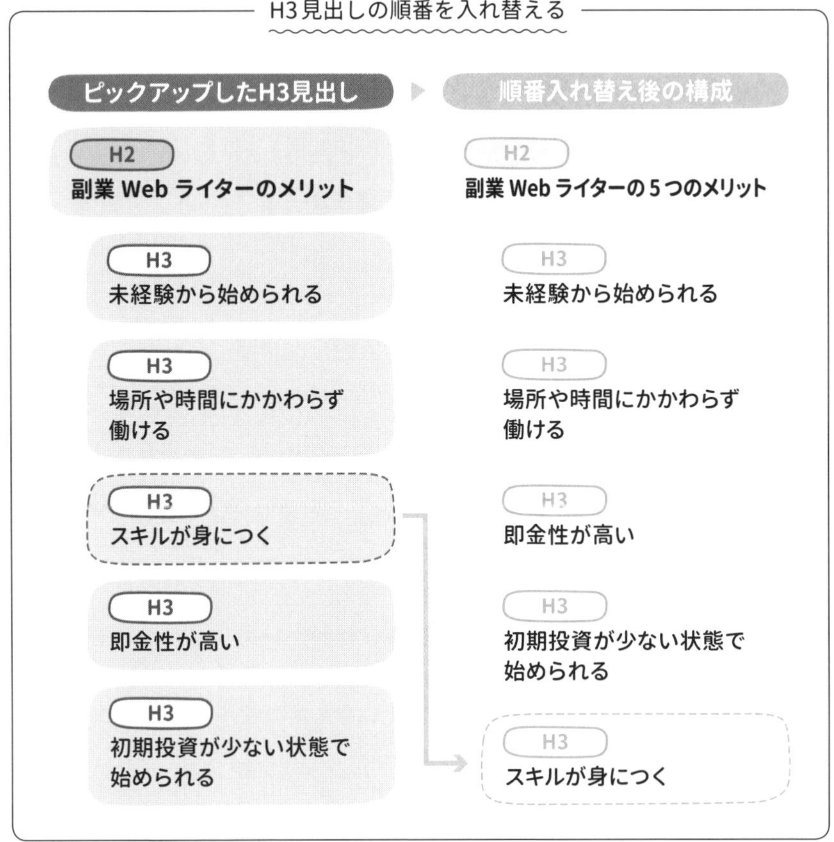

「副業Webライター」を調べる人のニーズとしては「スキルを身につけるために副業をしたい」よりも、「副業で収入を得たい」というほうが、おそらく高いでしょう。

そのため「即金性が高い」「初期投資が少ない」という情報のほうが重要だと考えられるので、「スキルが身につく」を最後に移動させています。これと同様に、各H3見出しの順番を並べ替えていきましょう。

これでH2・H3見出しの項目や順番が確定します！

❹ H2・H3 見出しの文言を調整する

最後にH2・H3見出しの文言を調整していきましょう。ポイントは次の通りです。

- **キーワードを見出しに入れる**
- **検索意図、ニーズに合う見出しに書き換える**
- **ナンバリング（数字）を入れる**

キーワードの入れ方やナンバリングの要否は、クライアントに合わせましょう。

● キーワードを見出しに入れる

SEOを考慮して、見出しにはキーワードを入れましょう。

たとえば「副業Webライター」がキーワードなら、H2見出しは「Webライターのメリット」ではなく、「副業Webライターのメリット」とします。

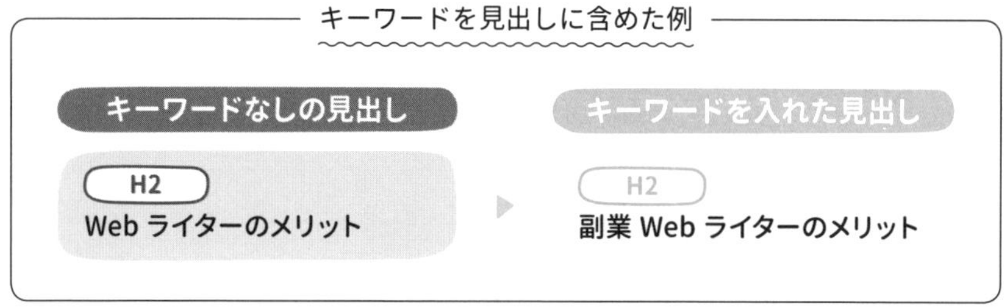

ただし、キーワードを見出しにどのくらい入れるかは、クライアントによって方針が異なります。

「H2には必ずキーワードを入れる」「日本語としておかしくない程度に入れる」など、さまざまです。また、H3にもキーワードを入れる場合があります。

正解はないので、クライアントの方針に合わせるのがいいですね。

検索意図・ニーズに合う見出しに書き換える

見出しにも検索意図を反映させるんですか？

検索意図に合っていない見出しだと、読者は「欲しい情報がない」と判断して離脱してしまうからね。読者に「自分と無関係の情報だ」と思わせないことが大事だよ。

たとえば「Web ライターは副業でも稼げるのか？」という情報を知りたい人に対しては、「副業 Web ライターの収入が書いてある」ことがわかる見出しを提示しましょう。

本文の内容が同じであっても、見出しの付け方で読者が読みたいと思うかどうかは変わります。

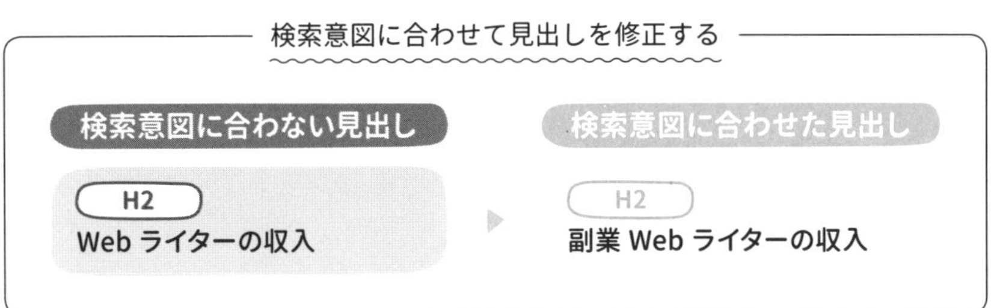

ナンバリング（数字）を入れる

ナンバリングとは、簡単に言うと「数字を入れる」ことです。たとえば、次のように数字を入れたほうがわかりやすいですよね。

- **H2**

  副業でWebライターを始める5つのメリット
- **H3**

  1. 即金性がある

  2. 好きな時間で働ける

  ⋮

H2に数字を入れた場合は、H3にも数字を入れるとよいでしょう。読者が「今、何番目を読んでいるんだろう？」と、自身で把握しやすくなり、離脱防止につながります。

ただし、ナンバリングの仕方はクライアントによって異なります。まったく数字を入れないメディアも珍しくありません。納品先メディアがわかる場合は、直近の記事を確認してみるのがお勧めです。

例として「H2　副業Webライターのメリット」をナンバリングすると、次ページのようになります。

他のH2・H3も同様に整えていきましょう。

ここまで終えるとH2・H3見出しがすべて確定し、構成は完成です！　おつかれさまでした！

ナンバリングの例

ナンバリング前の構成	ナンバリング後の構成
H2 副業 Web ライターのメリット	H2 副業 Web ライターの5つのメリット
H3 未経験から始められる	H3 1. 未経験から始められる
H3 場所や時間にかかわらず働ける	H3 2. 場所や時間にかかわらず働ける
H3 即金性が高い	H3 3. 即金性が高い
H3 初期投資が少ない状態で始められる	H3 4. 初期投資が少ない状態で始められる
H3 スキルが身につく	H3 5. スキルが身につく

筆者のメルマガ登録の特典として、構成作成の実演動画を用意しています。構成作成の理解を深めたい人は、ぜひ登録してみてください。

◆【無料】文章力を上げるメルマガ
https://freewriter1.com/p/r/euMKFGQF

06

タイトル・リード文のコツ

ここまでで、構成の作り方と本文の書き方がわかりましたね。あとはリード文とタイトルの付け方を学べば完了です！

さっそく見ていきましょう。

リード文の書き方のコツ

「**リード文**」は記事冒頭の文章のことですね。読者がページにアクセスしたとき最初に読む部分なので、非常に重要です。

そんなに重要なんですか？
本文のほうが大事だと思うけど……。

冒頭のリード文が適当だと「本文も内容が薄そう」「有益な情報がなさそう」という印象になるよね？
読者はそれ以上読みたいとは思わないので、記事から離脱されてしまうんだよ。

リード文で読者を引きつけ「今の自分に必要な情報だ」「これは知っておかないと」と思わせれば、読み進めてもらえます。

リード文はそれほど重要であるにも関わらず、きちんと書いている人は少ない印象です。リード文は「**PESONAの法則**（旧：新PASONAの法則）」を使うと書きやすいのでマスターしましょう！

● PESONAの法則とは

PESONA の法則とは、マーケターの神田昌則氏が提唱しているライティングの型の 1 つです。「Problem（問題）」「Empathy（共感）」「Solution（解決）」「Offer（提案）」「Narrow（絞込）」「Action（行動）」の頭文字を並べて PESONA の法則と呼ばれています。

PESONAの法則

要素	内容
Problem （問題）	読者が抱える「問題（悩み）」を言い当てる
Empathy （共感） ※旧：Affinity（親近）	読者の心に寄り添い「共感」してもらう
Solution （解決）	読者が抱える問題・悩みの「解決策」を提示する
Offer （提案）	解決策を提示しつつ、商品・サービスを「提案」する
Narrow （絞込）	記事を読むべき読者の「絞込」をする
Action （行動）	具体的な「行動」を呼びかける

出典：「売れるコピーライティング単語帖」（著：神田昌則・衣田純一　SBクリエイティブ）

PESONA の法則はセールスライティングの型で、自社商品を売るページ（LP）などで用いられます。

SEO 記事では、必ずしも自社商品を売るわけではありません。読者の悩みを解決する記事が多いので、PESONA の「Offer（提案）」は飛ばすことが多いですね。

● PESONAの法則を使ったリード文の例

PESONA の法則を使って、実際にどうやってリード文を書けばいいんでしょうか？

例文を読むとわかりやすいよ。順番に見ていこう。

不動産一括査定サイトへの誘導が目的の記事のリード文

❶ Problem（問題）　読者が抱える「問題（悩み）」を言い当てる

例文　この記事を読んでいる皆さんは「自宅を高く早く売りたい！」と思っているものの、売り方がわからず不安ですよね？

❷ Empathy（共感）　読者の心に寄り添い「共感」してもらう

例文　お気持ちはよくわかります。自宅を売る機会は一生に一度あるかないかですし、不動産は高額な商品ですからね。

❸ Solution（解決）　読者が抱える問題・悩みの「解決策」を提示する

例文　自宅を安心して早く高く売るポイントは、「信頼できる仲介会社」を見つけることです。

❹ Offer（提案）　解決策を提示しつつ、商品・サービスを「提案」する

省略　SEO 記事のリード文で自社商品を売るのは唐突なため、ここでは省略します。書くとしたら「弊社の一括査定サービスをご利用ください」などの内容になります。

❺ Narrow（絞込）　記事を読むべき読者の「絞込」をする

例文　この記事は、自宅を高く早く売りたい方向けに、どうすれば不動産を高く売れるか？　なぜ仲介会社選びが重要なのか？　について詳しく解説しました。

❻ Action（行動）　具体的な「行動」を呼びかける

例文　不動産を売却するときのコツを知っているかどうかで、売却価格が数百万円変わることもあります。ぜひ最後までお読みください。

なるほど～。事例があるとわかりやすいですね。
これを応用して書いてみます！

そうだね。最初は型通りに書いてOK！　ただし、あくまで型に過ぎないので、慣れたら崩していいですよ。

タイトルの付け方のコツ

Web記事は「**タイトル次第で読まれるかどうかが決まる**」といっても過言ではありません。

先述のリード文は「ページを開いた後に、読み進めるかどうか」を左右するのに対し、タイトルは「検索結果ページ上で、リンクをクリックするかどうか」を判断するもの。それほど重要です。

ただし、大切なのは小手先のテクニックではなく、読者が読みたくなるタイトルを付けること。その本質を踏まえたうえで、タイトル付けの3つのポイントを学んでいきましょう。

- **タイトルにキーワードを必ず入れる**
- **キーワードはなるべく左に寄せる**
- **検索結果の中で目立たせる**

●タイトルにキーワードを必ず入れる

タイトルにキーワードを含めるのは、「SEO」と「クリック率」の2つの観点から、必須といえます。検索上位に上がりやすくなるだけでなく、読者にもクリックされやすくなるのです。

人間もキーワードを見てクリックしているなんて、意外です。

ユーザーは何かを解決したくて、検索しているからね。マンションの売却手順を知りたければ「マンション売却　手順」というキーワードで検索するので、そのキーワードが入っていたほうがクリックしたくなるよね。

「マンションの売却手順を知りたい人」が検索エンジンで情報を探していて、次の２記事が検索結果に表示された場合を考えてみましょう。

❶ **マンション売却の手順とは？　トラブルなく売却するために専門家が解説します**
❷ **元営業マンが教えるマンションに関する７つのこと**

おそらく、多くの人が❶をクリックするでしょう。タイトルに「マンション売却」「手順」というキーワードが入っているほうが「自分の悩みを解決できそうだ」と感じるからです。

● キーワードはなるべく左に寄せる

タイトルの左側にキーワードがあると、検索ユーザーの目にとまりやすくなるため、クリック率が上がります。人間には「左側に目線が行きやすい」という特徴があるからです。

「マンションの売却手順」を調べている人が、検索結果で次の２つのタイトルを目にしたケースを考えましょう。

❶ **専門家がわかりやすく解説します！　トラブルなくマンションを売却する手順**
❷ **専門家が世界一わかりやすく説明します！　トラブルなくマンションを売却する手順**

「マンション」「売却手順」のキーワードの位置に注目してください。❷はキーワードがかなり右にあるため、一見して何の記事なのかがわかりにくい印象です。

一方、❶のように左寄せにすることでキーワードが目に入るため、クリックされやすくなります。

このようにタイトル中のキーワードの位置は重要ですが、必ず左側に寄せるということではなく、あくまで「読者がクリックしたくなるか？」という視点で考えましょう。

たとえば「専門家が解説！マンション売却手順7ステップ」というタイトルの場合、キーワードは左側に配置されていません。しかし「専門家が解説！」という文言のほうが訴求力がありそうなら、このタイトルでもOKです。

最終的にはクライアントが判断しますが、自分の中で「これなら読者がクリックしてくれそう」というタイトルを考え抜きましょう。

● 検索結果の中で目立たせる

タイトルを他記事と差別化することで、検索結果の中で目立たせることも重要です。検索ユーザーは、パッと目に留まった中で一番気になったタイトルをクリックするからですね。

どれだけテクニックを盛り込んでも、検索画面上に同じタイトルが並んでいたら、なかなかクリックしてもらえません。実際に自分で検索してみて、どんなタイトルが並んでいるか確認しましょう。

上位記事と差別化するためには、次のようなコツがあります。

- **「体験談」と入れる**
- **数字を入れる（「7つのステップ」など）**
- **ターゲットを明確にする（「初心者向け」など）**

ただし、検索結果は日々変わるので、あくまで参考程度に考えてくださいね。

日頃から「この文言いいな！」と思ったものをメモに書き溜めておくのもいいですよ。

まずは1記事書いてみよう！

SEOの基礎からライティング、構成の作り方まで、Webライティングに必要なことは本章でひと通り解説しました。あとは実践あるのみです。

まずは何でもいいので記事を書いてみましょう！

書いた記事は執筆実績（ポートフォリオ）としても使えるので、ポートフォリオを強化するという意味でもメリットがあります。無料のブログやnoteでも何でもいいです。

早く書いてみたいです！
どんな記事を書けばいいんでしょうか？

ユウタさんは不動産会社に勤めているから「賃貸物件　選び方」などのキーワードで書いてみたらどう？

私は子育てのことを書きたいです。
「育児　大変」などのキーワードでもいいんですか？

いいね！　まずは得意なジャンルで、自分でキーワードを決めて書いてみましょう！

3章

案件を受注しよう

ここからは、実際に案件を受注していきましょう。
本章では、仕事を獲得するための「ポートフォリオ」や「提案文」の作り方を、余すことなく解説していきます。本書の内容を実践していくだけで、すぐ案件に応募できる状態になりますよ。また、初心者にお勧めの営業方法も、基礎から伝えていきます。
さっそく本章を読んで1件受注しましょう！

01

ポートフォリオを作ろう

自分の実績集を作る

「**ポートフォリオ**」とは、簡単に言うと実績集です。人によって呼び方は違いますが､本書では次のように､経歴などを含む自己紹介ページをポートフォリオと呼ぶことにします。

ポートフォリオの内容

- **実績**
- **プロフィール**
- **経歴**　など

ポートフォリオを作成する理由は、発注側の不安を払拭するためです。というのも、クライアントがライターを選ぶときには、次のような不安があります。

- **このライターさんは、どんな人だろう？**
- **今までどんな記事を書いてきたんだろう？**
- **発注したら、どんな記事が納品されるんだろう？**

クライアントの上記のような不安を払拭するために「私はこんな人です」「こんな記事が書けます」とアピールするものがポートフォリオを作

る目的です。就活や転職活動にたとえると、履歴書や職務経歴書のようなものですね。

本章では、ポートフォリオの作り方を紹介していきます。

ポートフォリオに書く内容

ポートフォリオには、主に次の８つの内容を載せます。

- **簡単な自己紹介**
- **実績、執筆ジャンル**
- **経歴、資格**
- **第三者の評価**
- **稼働時間**
- **趣味**
- **意気込み**
- **仕事の依頼先、問い合わせ先**

項目に決まりはありません。さまざまなポートフォリオを見て、いいポイントを自身のポートフォリオに取り入れましょう。日々更新して、ブラッシュアップしていくといいですよ。

簡単な自己紹介

ポートフォリオの冒頭には**自己紹介**を入れましょう。自己紹介は次の項目を簡潔に書けばOKです。あまり長く書く必要はありません。

- **名前（ライターネーム可）**
- **顔写真（または似顔絵）**
- **あいさつ**

● 実績、執筆ジャンル

ポートフォリオには、実績と執筆ジャンルも載せます。

Web ライターを始めたばかりで実績がない場合は、2章で学んだことを活かし、何らかのキーワードでブログ記事を書きましょう。その記事を実績として掲載します。

ブログを書く場合は、レンタルサーバーなどを借りて自分でWordPress を使ってブログを立ち上げるか、「note」(https://note.com/)を利用するのがお勧めです。

ちなみにWordPress とは、もっとも利用されているブログツールのこと。自分でWordPress を使ってブログを立ち上げるのがベストですが、それが難しい場合はnote で記事を公開しても大丈夫です。

note な無料ブログのようなツールなので、アカウントを取得するだけで今日から記事を書き始められますよ。

これから案件に応募するなら、少なくとも1記事以上はブログを書いておきましょう。書く練習にもなるうえに、それを実績として使えるからです。

◆ note
https://note.com/

自分のブログに書いた記事が実績になるんですか？

「過去にこういう記事を執筆しました」という形で、実績にできるよ。応募時に提示する実績は、クライアントへ納品した記事でなくてもいいんだ。むしろ「ブログ記事のほうがいい」と言う人もいるくらいなんだよ。

なぜブログ記事のほうがいいんですか？

ブログには編集者の手が入っていないからだね。クライアントへ納品した記事は、メディアへ載る前に編集者によって手を加えられることが大半です。つまり、どこまで本人が書いた文章かわからないんだよ。一方、ブログ記事は基本的に誰の手も入っていないから、その人の本来の実力がわかる。

なるほど！　だからブログ記事のほうがいいと言う人もいるんですね！

WordPress自体は無料で使えるツールですが、ブログを運営するためには、レンタルサーバーやドメイン（URL）の契約料金で月額2,000円前後かかります。

納品先のメディアがWordPressで作られていることも多いので、可能なら自分でWordPressのブログを運営してみるとよいでしょう。ただし、初期設定に多少の時間がかかります。

◆ WordPressでブログを立ち上げる方法を簡単に説明している記事
https://writer-blog.net/wordpress-blog/

● 経歴、資格

ポートフォリオには、職歴なども含めて簡単な経歴を載せておきましょう。経歴には次の項目を書きます。

- **本業の業種（専業ライターならその旨を書く）**
- **業務内容や職種**
- **勤務年数**
- **保有資格**
- **Web ライターの活動年数**
- **学歴**

「学歴」は直接的なアピールにならないケースも多いですが、執筆ジャンルと関わりがあれば載せておきましょう。たとえば法学部出身の場合、法律系の案件に応募するときには強い武器になります。

一方、クライアントにとってプラスにならない情報であれば、学歴は載せなくても構いません。

● 第三者の評価

第三者からの評判がいいと発注者は安心できるので、それも載せておくといいでしょう。なお、Web ライターを始めたばかりの頃は第三者からの評価はないので、将来的に追記すればOKです。

たとえば、クラウドソーシング（インターネット上で仕事を受注・発注できるサービス。次節で解説）で発注者から受けた評価のスクリーンショットをポートフォリオに貼るのは効果的ですね。

次の図は、クラウドソーシングで筆者がクライアントからもらった評価です。

第三者からの評価の例

満足：プロジェクト：10,000円～20,000円

大変お世話になりました。
不動産関係の記事作成を依頼させて頂きましたが、業界でのご経験やライターとしての実績も豊富で、安心してお任せできました。多少特殊な依頼だったと思いますが、こちらの意図を正確に理解してくださり助かりました。
また何かあれば相談させていただきますので、よろしくお願いいたします。

例に挙げた画像のように、クライアント名が見えなければ問題ありませ

んが、クライアントの社名や担当者名が見える状態で掲載する場合は、許可を得る必要があります。「ポートフォリオのページに載せていいですか」と、必ず確認しましょう。

● 稼働時間

「**稼働時間**」とは、ライター業務に充てられる時間帯のことです。

専業か副業かで稼働時間が違ったり、家庭の事情で時間を割けないケースもあったりするため書いておきましょう。おおまかな時間がわかると、クライアントは発注しやすくなります。

書き方としては次の２通りです。

- **稼働時間：平日〇時～〇時、休日×時～×時**
- **稼働時間：平日〇時間、休日×時間**

● 趣味

趣味や休日の過ごし方など、人間性がわかる要素も盛り込みましょう。

Webライターのポートフォリオなのに、趣味を載せるんですか？

人間性を見せることは、けっこう重要なんだよ。ライター側が思っている以上に、クライアントは「この人はどんな人なんだろう？」と不安を抱えているからね。

さらに、趣味を執筆に活かせる場合もあります。特定のジャンルでライターを探しているクライアントとマッチする可能性もあるので、記載しておくとよいでしょう。

● 意気込み

仕事に対する「意気込み」も書いておきましょう。次の例は簡単なものですが、もっと熱い意気込みを書いてももちろん構いません。

例

- **丁寧にリサーチをいたします。**
- **迅速なレスポンスを心がけております。**

● 仕事の依頼先、問い合わせ先

ポートフォリオには、仕事の依頼先や問い合わせ先も載せておきましょう。実績や得意ジャンルを見た人から「記事を書いてほしい」と依頼が来ることもあるからです。

ポートフォリオは、案件に応募するときに提示するものではないんですか？

基本はそうだね。でも、Web 上に公開しているポートフォリオは誰でも見られるから、それを見たメディア運営者から執筆依頼が来ることもあるね。

へ～！　そんなことあるんですね。

そんなに多くはないけど、実際に僕が運営するコミュニティの中では「ポートフォリオから直接依頼を受けたことがある」という人は何人かいたよ。

多くのケースでは、次のいずれかを問い合わせ先として掲載しています。

- **問い合わせフォーム**
- **メールアドレス**
- **SNS アカウント**

注意が必要なのは、SNS を問い合わせ先にしているケースです。問い合わせ先が SNS だけの場合、そのアカウントを持っていない人は連絡できません。

発注者が法人の場合は、メールや問い合わせフォームのほうが使いやすいので、どちらかは必ず載せておきましょう。SNS アカウントは補足として考えておくのがいいですね。

ポートフォリオに載せる項目って、意外と少ないですね。これなら僕にもすぐできそうです。

いいね！　ブログを１記事書いたら、さっそくポートフォリオを作ってみよう！

次のページに、ポートフォリオのデモページ（見本）を掲載しています。自分に合わせて書き換えるだけで、ポートフォリオが完成しますよ！

ポートフォリオのデモページ（見本）

Webライター「◯◯ユウタ」のポートフォリオ＆お仕事のご依頼先

はじめまして。Webライターの◯◯（苗字）ユウタと申します。
ポートフォリオをご覧いただき、ありがとうございます。
以下に実績や得意ジャンル、経歴などをまとめましたので、ぜひご覧ください。執筆のご依頼は、ページ下部のメールアドレスから受け付けております。どうぞお気軽にご相談ください。

◯◯ユウタ

得意ジャンル

・不動産

POINT
実績が増えたら、納品記事数を入れましょう！

執筆実績は以下のとおりです。

執筆実績

当ブログに掲載している執筆記事は、以下のとおりです。

タイトル：賃貸契約の仲介手数料の相場はいくら？
https:// 〜〜〜

POINT
実際の案件で評価をいただいたら、第三者の口コミを入れましょう！

保有資格

・宅地建物取引士

経歴

・20XX年〜：不動産会社勤務（賃貸物件の仲介の営業職）
・20XX年〜：Webライターとして活動開始（副業）

稼働時間

・火曜、水曜：6〜7時間
・火、水以外：2〜3時間

POINT
ユウタさんは火水休みだから、こういう書き方をしているよ！

趣味

・ドライブ（◯◯通りをよく走ります）
・サッカー観戦（休日は◯◯で観戦します）
・カラオケ（◯◯をよく歌います）

yuuta@〜〜〜〜.com

02

クラウドソーシングを活用しよう

Webライターの営業

ポートフォリオを作ったら営業を始めましょう！
初心者の Web ライターにお勧めの営業方法は次の 3 つです。

- **クラウドソーシング**
- **知人の伝手（つて）**
- **SNS**

この中でも、もっとも初心者向けの営業方法がクラウドソーシングですね。

クラウドソーシングとは

「**クラウドソーシング**」とは、インターネット上で仕事を受発注するサービスのこと。日本で利用できるクラウドソーシングサイトはたくさんありますが、次の 3 つが特に有名です。

- **ランサーズ（https://www.lancers.jp/）**
- **クラウドワークス（https://crowdworks.jp/）**
- **ママワークス（https://mamaworks.jp/）**

ランサーズとクラウドワークスは、筆者自身も初心者の頃から利用してきました。実体験をもってお勧めできます。

ママワークスは、筆者が運営しているオンラインコミュニティのメンバーの中で利用率が高いサイトです。「ママワークス」という名称ですが、ママ以外の女性や男性も利用できます。

クラウドソーシングは上記のほかにもたくさんあるので、とりあえずバーッと見てみましょう。「クラウドソーシング　ライター」などで検索するといいですよ。

それから各サイトを見て、自分なりに使いやすいと思ったサービス を1~3個ぐらいに絞るといいでしょう。

どうして1～3個に絞るんですか？　たくさん登録したほうが、いろいろな仕事が見つかりそうですが……。

あまり多いと登録するだけでも時間がかかるし、案件をチェックするのも大変だからね。最初は1～3個で十分だよ。あとは評価が溜まりやすいという点もあるね。

評価が溜まりやすい？　どういうことですか？

たとえばランサーズだけに絞ると、当然ながらランサーズでどんどん案件を受注できるよね？
ということは、ランサーズ内の評価が10、20、30……と溜まっていくんだよ。クライアントからすると、受注した案件数が多い方が信頼につながるので、1つに絞ったほうがそのプラットフォーム内では案件を受注しやすいんだ。

なるほど！　たしかにそうですね。
ただ、一方で他のクラウドソーシングでは評価が溜まらないので、その点はデメリットになりそうですね。

そのデメリットはあるね。
個人的には１～２個くらいに絞ったほうがいいと思うけど、その辺りは自分自身で戦略を練ってみましょう！

クラウドソーシングのメリット

初心者にクラウドソーシングをお勧めする理由は次の通りです。

- **案件数が多い**
- **初心者向けの案件もある**
- **条件を絞り込んで検索できる**
- **発注者の評価を確認できる**
- **仮払いの仕組みがある**
- **サイト上で実績が溜まる**
- **オファーを待つこともできる**

クラウドソーシングには膨大な案件があるので、応募できる仕事が見つかりやすいです。未経験者や初心者は実績が少ないため、最初は案件を取るのが大変。なので、案件数が多い点はクラウドソーシングの大きなメリットと言えるでしょう。

キーワードやジャンル、報酬などさまざまな条件で絞り込んで検索できるため、希望に合う案件を見つけやすいです。

クラウドソーシングならではの特徴は「発注者の評価」を確認できること。他のライターからの評価が低い発注者を避ければ、トラブルを防ぎやすくなります。評価で絞り込む機能もあるので、活用してみましょう。

クラウドソーシングを見てみたら「仮払い」と書いてあったんですが……これは何ですか？

ライターが仕事を始める前に、発注者が仮の支払いを済ませることだね。クラウドソーシング側にお金をプールしておくイメージ。
記事を納品した後に、万が一クライアントと連絡が取れなくなっても、そのプールしたお金から報酬が支払われます。

なるほど！　仮払いシステムがあれば、「記事を書いたのに支払ってもらえない」という事態を避けやすくなるんですね。それは安心。

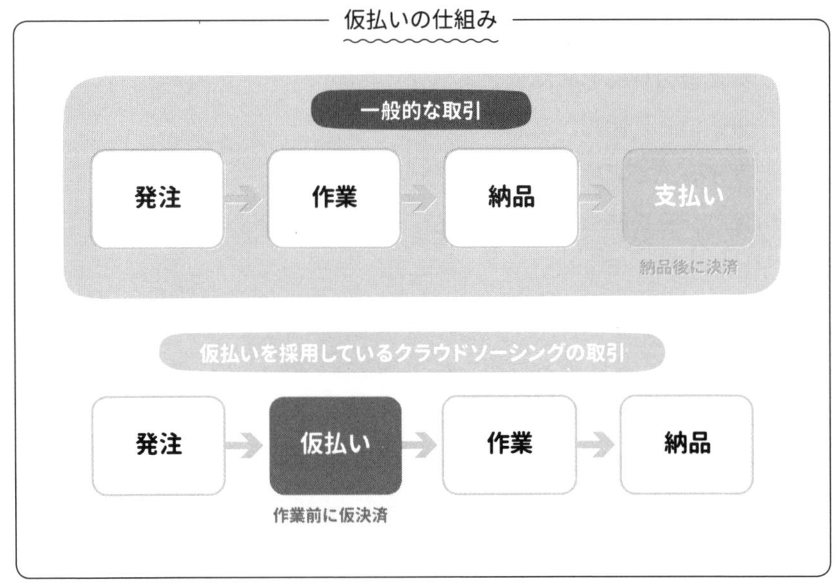

クラウドソーシングでは、サイト上に実績が溜まるのもメリットですね。受注件数や評価の高さが可視化されるため、実績を見た発注者からオファーが来ることもあります。

クラウドソーシングのデメリット

初心者にお勧めのクラウドソーシングですが、次のデメリットもあります。

- **手数料がかかる（約 20%）**
- **直接取引への移行はできない**
- **低単価の案件もある**
- **実績公開 NG の案件が多い**
- **発注者と関係性を築きにくい**

クラウドソーシングを使うと、サイトに手数料を支払う必要があります。手数料率はサイトごとに異なりますが、20% 前後が多い印象です。たとえば執筆料が 1 万円なら、2,000 円が手数料として差し引かれ、実際に受け取れる金額は 8,000 円になります。

20%も取られるんですね。直接取引はできないんですか？

大半のクラウドソーシングでは「サイト内で知り合ったクライアントとは直接お金のやり取りをしてはいけない」のような規約があるんだよ。つまり、手数料は毎回かかるということ。デメリットではあるけど、仮払いなどの「安心して取引できる仕組み」を買っていると考えておきましょう。

また、「低単価の案件」や「実績公開NGの案件」が多いことも、クラウドソーシングのデメリットです。もちろん高単価案件もあるため、実績を積んだらどんどんチャレンジしていきましょう。

他にも、クラウドソーシングの運営会社が間に入る仕組みなので、発注者と距離を縮めにくいというデメリットもあります。

デメリットもありますが、先述したようにメリットも大きいので、最初はクラウドソーシングから始めてみるといいでしょう。

クラウドソーシングで受注する流れ

クラウドソーシングで案件を受注する流れを説明します。サイトによって詳細は異なりますが、おおまかな流れは次の通りです。

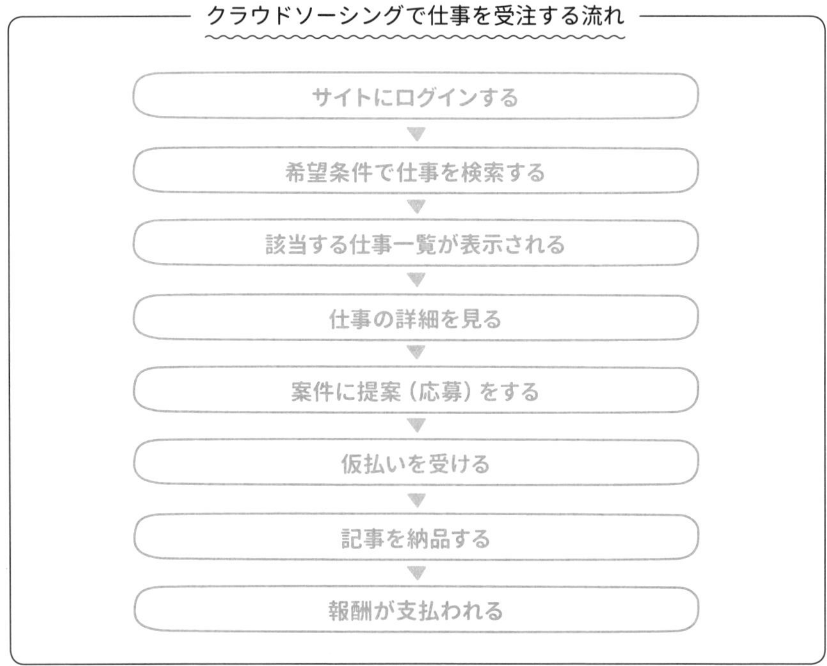

案件を検索する方法は次の通りです。さまざまな条件で絞り込んで、希望に合う仕事を見つけましょう。

- **仕事の種類やカテゴリーを選ぶ**
  （例：ライティング、記事作成）
- **キーワードやジャンルで検索する（例：金融、美容）**
- **報酬額で絞る（例：文字単価○円～）**

この辺りは実際にやってみないとわからないと思うので、まずはサービスを利用してみよう！

03

伝手（つて）を探ろう

「知人の伝手（つて）から受注する」とは

営業方法の２つ目は「知人の伝手から受注する」ことですね。たとえば次のような方法があります。

- **ライターを始めたことを SNS に載せる**
- **知人と会ったときに話してみる**

お勧めの SNS は **Facebook** です。SNS の中でも実際の知人が多く、比較的ビジネス寄りのプラットフォームなので、仕事につながりやすいためです。筆者の Web ライターコミュニティメンバーの中でも、Facebook 経由で仕事を受注した人は何名かいます。

他に、食事や仕事などで直接会う機会があれば、「実は Web ライターを始めたんですよ。もし何か案件があったら紹介してくれませんか」と伝えておくのもいいでしょう。その場で依頼されなくても、後々仕事につながることもあります。

でも、記事執筆を依頼したいと思っている人なんて、
友人の中にいるかなぁ……？

仕事を発注してくれるのは、本人とは限らないよ。次の事例のように、友人の周りから依頼されることもあるんだ。

知人の伝手からの受注例

- **友人の勤務先のオウンドメディアでの執筆**
- **友人の知り合いの経営者が運営するブログの執筆代行**

知人の伝手（つて）から受注するメリット

知人の伝手から受注する場合、次のようなメリットがあります。

- **コミュニケーションが取りやすい**
- **低単価な案件が少ない**
- **実績公開 OK な案件が多い**
- **案件が広がりやすい**

当然とも言えますが、知人なのでコミュニケーションは取りやすいです。発注者とのやり取りが苦手な人は、知人への営業に力を入れてもよいかもしれません。

また、知人なので非常識な低報酬で依頼されるケースも少ないでしょう。実績公開を快く OK してくれる案件も多い印象です。

依頼した友人だけに留まらず、さらにその知人を紹介してくれるケースもあるなど、人づてに広がっていくのもメリットです。

経験が少なくても採用してくれるケースはあるので、数記事書いたら営業してみましょう。。ポートフォリオを見せれば、実力をわかったうえで発注してもらえるので、発注後のギャップも少なくて済みます。

知人の伝手から受注するデメリット

知人の伝手からの受注には次のデメリットもあります。

- **言いたいことを言いづらい**
- **人間関係が壊れる場合もある**
- **なあなあになりやすい**
- **報酬の請求や振込は直接行う**

相手が知人だと、お互いに遠慮してしまうかもしれません。発注側なら「もう少しここを直してほしい」、受注側なら「作業量と単価が見合っていない」などの不満があったとき、言いづらい場合もあるでしょう。このように、仕事がやりにくくなることがある点はデメリットと言えます。

他には、仕事の仕方によっては人間関係が壊れてしまう点や、悪い意味でなあなあになりやすい点。あるいは、契約書や金銭のやり取りを直接行う点も、人によってはデメリットに感じるかもしれません。

しかし個人で仕事をしていくなら、契約書や請求書は避けては通れない道です。まず1件受注して、徐々に慣れていきましょう。

04

X(Twitter) を育てておこう

知人以外からならX(Twitter)

3つ目の営業方法は、X（Twitter）で受注することです。先ほどはFacebookをお勧めしましたが、それは「知人の伝手から仕事を受注する」ときの話。

知人以外から案件を受注する際は、X（Twitter）がいいでしょう。その理由は次の特徴があるからです。

- **テキストを投稿するだけで運営できる**
- **ライター募集の案件が比較的多い**

X(Twitter) で案件を受注する方法

X（Twitter）で案件を受注するために必要なことは、主に次の2つです。

- **プロフィールを整える**
- **定期的に投稿する**

● プロフィールを整える

まずは、次の３点を意識してプロフィールを整えましょう。

- **ライターネームを変な名前にしない**
- **アイコンは実写 or 似顔絵にする**
- **ライターであることを明示する**

● ライターネーム

ライターネームとは、Web ライターとして活動するときのペンネームですね。本名を出したくない人は、ライターネームを使っても問題ありません。

ただし、実在する人の名前っぽくすることが重要です。筆者の場合だと、自分の名前（中村昌弘）に似た「村中浩（むらなかひろし）」とかでもいいですし、「横田純也」のように全然違う名前でもいいです。

一方、「なかまさ〜な」みたいな変な名前にしてしまうと、発注者から「この人、ちゃんとしているのかな？」と警戒されるのでお勧めしません。

とにかく変な名前はつけない！　これは重要です。

● アイコン

X（Twitter）のアイコンは、できれば実際の顔写真を使うのが望ましいです。顔出しに抵抗がある場合は似顔絵 (イラスト) にしましょう。ココナラなどのサイトで発注すると、2,000 〜 3,000 円で描いてもらえますよ。

ライターネームと同様に、発注者はアイコンも見ています。

「このライターさんは、どんな人なのか」「どんな記事が納品されるのか」

などといった情報を、できるだけ得ようとしているからです。実写で顔が見えると安心するんですよね。

実写ではなくイラストで顔がわかるだけでも安心できます。リアルな似顔絵でなくても問題ありません。何となく雰囲気が伝わればいいので、写真に抵抗がある方は、ぜひイラストにしましょう。

● Web ライターであること

Web ライターであることを明記するのも重要です。アカウントに「Web ライター」と書くほか、次の内容をプロフィールに盛り込みましょう。

- **名前にライターを入れる**
- **自分の強み**
- **得意ジャンルや執筆形態**
- **職歴や執筆実績**
- **問い合わせ先（メールアドレスなど）**
- **ポートフォリオの URL**

名前はシンプルに「ライターネーム｜ Web ライター」でいいでしょう。筆者の場合は「中村昌弘｜ライター」としています。

プロフィールの冒頭には、ライターとして手掛けてきた仕事や、現在の活動内容を明記しています。最初のうちは強みがないと思うので、「こんな経験をしてきました」といった具合に書くといいです。

次のような感じで顔写真（あるいは似顔絵）と Web ライターであることを明示して、クライアントが発注しやすいようなプロフィールを作りましょう！

こんな感じで作ってみたのですが、どうですか？？

X（Twitter）のプロフィール例

プロフィールを編集

田辺ゆか｜Webライター

@XXXXX_yuka

はじめまして！　二人の子どもを育てる初心者のママライターです｜元々事務職をしていたので、丁寧なリサーチや細かい作業などはお任せください｜得意ジャンルは教育系や副業系です！ブログ記事もありますので、よかったらプロフィール欄のリンクをご覧ください。連絡先もサイト内に載せています。お気軽にご相談いただけると嬉しいです！

子育ての経験を活かして教育系の記事を書きたいなと思っています。なので、「ママライター」であることをプロフィールの冒頭に書いて、前職の経験からの強みも書きました。
あとは、Webライターにたどり着くまでに、副業についてひたすらリサーチしたので副業系についても得意ジャンルとしています。

すっすごい……！　もう記事を書いたんですね。

いえ、まだ書いてませんよ。これから書きます（笑）。
X（Twitter）を運用するまでに記事を書き、それを組み込んだポートフォリオを作ります。そのリンクをプロフィール欄に貼っておこうかなと！　ちなみにライターネームは姓名判断などを加味して「田辺ゆか」にしました。

全体的にいいと思うのですが、「初心者」は削除したほうがいいね。クライアントからすると、「初心者と宣言しているな……スキルが低そう」と思ってしまうんだよ。

なるほど！　ありがとうございます。削除しておきます！

● 定期的にポスト（ツイート）する

プロフィールを整えたら、実際に運用していきます。次の点を意識して投稿しましょう。

- **投稿頻度は週に数回程度**
- **学んだことをアウトプットする**
- **ネガティブな投稿はしない**

投稿することが目的ではなく、案件を取るための運用なので、投稿頻度は週に数回程度でよいですね。

ただし、投稿内容には気を配る必要があります。X（Twitter）で依頼するときは、発注者は必ず応募者の投稿内容をチェックするからです。そのため、Web ライター関連で学んだ内容を投稿するのが無難でしょう。

たとえば「こんな学びがありました」「こんな講座に参加しました」「こんな書籍を買いました」といった内容ですね。意欲的に見えるので印象がよくなります。

一方、ネガティブな内容の投稿があると「依頼したら愚痴を書かれそう」「トラブルになりやすそう」と受け止められます。仕事を獲得するためにX（Twitter）を運用するなら、愚痴を書くのは避けましょう。

X(Twitter) で案件を探す方法

プロフィールを整えてX（Twitter）の運用を始めたら、実際にWeb ライターの案件を探してみましょう。

X（Twitter）で案件を探す方法は主に次の２つです。

- **「# ライター募集」で検索をする**
- **ライター募集している人をリストに登録する**

応募方法もあわせて説明しますね。

●「#ライター募集」で検索をする

ハッシュタグ「**# ライター募集**」で検索すると、さまざまな募集投稿がヒットします。

X（Twitter）でライターを募集している場合、１～２日で締め切られる場合も少なくありません。営業に力を入れている時期は、頻繁にチェックしてみましょう。

● ライター募集している人をリストに登録する

X（Twitter）でライター募集している人を見かけたら、リスト（Xのリスト作成方法については216ページで解説）に登録しておきましょう。募集している人はライターやディレクター、編集者が多いです。

「ライター募集」というリストを作って１か所にまとめておけば、チェックするのも楽になりますよ。

● DMを送って応募する

X（Twitter）で案件に応募するときは、募集している人にX（Twitter）のDM（ダイレクトメッセージ）を直接送るパターンが多いです。ただし、応募方法は必ずしもDMとは限らないので、必ず募集概要を確認してください。

ライター募集の投稿に「リプライをください」「DMをください」などと応募方法が書かれています。その条件に従って提案しましょう。

提案文の書き方は 149 ページで解説します。

X(Twitter) で案件を受注するメリット

X（Twitter）で案件を受注するメリットは次の通りです。クラウドソーシングや知人からの依頼とは異なるメリットがあります。

- **低単価の案件が少ない**
- **発注者の人柄などをチェックしやすい**
- **規模の大きな案件もある**
- **X（Twitter）上で良い評判が広まりやすい**

● 低単価の案件が少ない

低単価が少ないのは意外ですね。

発注者のアカウントも公開されているので、悪条件で募集するのはリスクがあるんだよ。あまりにも低単価で募集してしまうと、周りから「安すぎる！」と批判を受けることがある。だから、超低単価の募集はあまり見かけないですね。

● 発注者の人柄などをチェックしやすい

発注者の投稿やプロフィールをチェックできるのも、クラウドソーシングとは大きく異なる点ですね。ちょっとした言葉づかいで人柄がわかることもあります。

投稿内容を注意深く観察して、違和感があったら応募をやめておくと、悪質なクライアントを避けやすいですよ。

● 規模の大きな案件もある

X (Twitter) では､大手メディアの編集者がライターを募集しているケースもあります。筆者自身も、割と規模の大きい案件を受注したことがありますね。

Web ライターは、何がきっかけでスケールアップするか分かりません。大きな案件が常に流れているわけではありませんが、アンテナを貼って定期的にチェックしておきましょう。

● X(Twitter) 上で良い評判が広まりやすい

X (Twitter) 上で獲得した案件の場合、発注者が満足すると「このライターさんは良かった」と投稿してくれることがあります。そのため、X (Twitter) 上で自分の評判が広まりやすいこともメリットです。良い評判が回れば、それがきっかけでオファーが来ることもあります。

X(Twitter) で案件を受注するデメリット

X (Twitter) で案件を受注する際は､次のようなデメリットもあります。

- **ライバルが多い**
- **X (Twitter) 上で悪い評判が広まる恐れもある**
- **案件数は多くない**
- **契約書や金銭のやり取りを直接おこなう必要がある**

● ライバルが多い

クラウドソーシングほどではありませんが、たくさんの Web ライターがX（Twitter）を利用しているため、競争率は高くなります。

条件の良い案件には応募が殺到するので、簡単には受注できません。クラウドソーシングや知人からの受注で実績を作ってから応募したり、相手に合わせた提案文を送ったりするなどの戦略も必要になります。X（Twitter）は発注者のプロフィールや投稿内容を確認できるので、相手のことを調べて提案すると差別化しやすいでしょう。

● X（Twitter）上で悪い評判が広まる恐れもある

仕事のやり取りで不義理なことをしてしまうと、X（Twitter）上で悪評が回ってしまう恐れがあります。これは、良い評判が広まるメリットの裏返しですね。

ただ、よほどのことをしない限り、名指しで批判されることはないでしょう。誠実に仕事をしていれば、そこまで心配する必要はありません。

● 案件数は多くない

X（Twitter）上でのライター募集は決して多くはありません。クラウドソーシングなら、数百件から多いときには1,000件以上の募集があります。一方、X（Twitter）では1日に数件見つかればいいほうです。

案件の少なさに対してライバルが多い状態なので、良い案件を見逃さないよう、日頃からチェックしておく必要があります。

● 契約書や金銭のやり取りは直接おこなう必要がある

X（Twitter）に限った話ではありませんが、クライアントから直接受注するため、契約書や請求書のやり取りは直接おこなう必要があります。X（Twitter）の場合は、知らない人と取引をおこなうケースが多く、ハードルが高いと感じる人もいるかもしれません。

契約書や請求書には慣れる必要がありますが、不安を感じた場合は納得がいくまで質問しましょう。場合によっては契約を見送る勇気も大切です。

05

低単価で疲弊する前に知っておくべきこと

案件獲得後の悩み

案件を獲得した後、多くの人が抱える悩みは「**低単価で疲弊すること**」です。

ここでは、疲弊する前に知っておくべきことをお伝えします。

低単価の定義とは

「低単価」とはいくらなのでしょうか。

この定義はさまざまですが、Webライター（特にSEOライター）の業界では「**1文字1円**」がひとつの目安となっています。文字単価1円を超えるかどうかが、脱初心者のラインなのです。

ここでは、文字単価1円未満は低単価であるという前提で解説します。

案件を取るときに重要な考え方

低単価で疲弊する前に知っておくべきことは次の 2 つです。

- **最初は低単価でも仕方ない**
- **「経験」と「実績」の 2 つを重視すべき**

最初は低単価でも仕方ない

Web ライター業界にいると「文字単価 1 円以上を狙おう」という話をよく目にします。

しかし、現実的な話をすると Web ライターを始めたばかりの頃は、文字単価 1 円未満の案件を受けることが多いでしょう。最初から 1 円以上を狙うべきではありますが、未経験者や初心者がその条件で受注するのは難しいからです。

最初は、実績を積むために低単価の仕事を引き受けるのも仕方ないと認識しておきましょう。

「経験」と「実績」の2つを重視すべき

重視すべきことは「その案件で経験や実績を積めるかどうか」です。

たとえば、文字単価 0.6 〜 0.8 円の仕事は高い単価とは言えません。

繰り返しますが、初心者のうちはこのような案件を受けることもありますが、継続して受けるかどうかは「経験」と「実績」で判断することをお勧めします。

たとえば、担当ディレクターから手厚いフィードバックをもらえる案件なら、スキルが上がるため低単価でも継続していいでしょう。あるいは、特化したいと思っているジャンルの案件も継続対象になります。

このように、ただ単価だけを見るのではなく、経験と実績を加味して案件を見極めましょう。そうすれば、結果的に早い段階で低単価を脱出できるのです。

「案件を見極める」というと上から目線に聞こえるかもしれませんが、これは重要な考え方です。副業ワーカーやフリーランスは会社というバックボーンがないので、何かあっても誰も助けてくれません。だから、自分を守るためにもクライアント（案件）に対しては厳しい目を持ちましょう。

06

心を込めた提案文を書こう

受注率が上がる提案文のポイント

「**提案文**」とは、案件に立候補する際の応募文のことです。案件を受注するうえで最重要と言っても過言ではありません。

ここでは受注率が上がる提案文の書き方と、提案文のフォーマットを紹介します。

発注者に響く提案文の書き方を学んで、受注率を上げていきましょう！

ポイントは次の6つです。

- **発注者には50件の応募文が届いていることをイメージする**
- **相手が求めていることを冒頭に書く**
- **長文になるときは見出しをつける**
- **ポートフォリオを必ず用意しておく**
- **ポートフォリオにいきなり飛ばさない**
- **意気込みを最後に少し書く**

● 発注者には50件の応募文が届いていることをイメージする

1つの案件に30～50件の応募が集まることは珍しくありません。筆者も過去に案件を募集したとき、30件弱の応募が来ましたが、すべてに目を通すのは大変でした。

正直に言うと、応募が多いと発注者は提案文をすべて読むのは億劫です。提案文の冒頭が良くなければ、その時点で読むのをやめることもしばしばあります。

そのためSEOライティングと同様に、提案文では「わかりやすい文章」を心がけましょう。

「発注者には50件の応募文が届いている。彼らは提案文を読みたくないと思っている」という前提で書くかどうかで、採用結果は大きく変わりますよ！

●相手が求めていることを冒頭に書く

提案文の序盤には「クライアントが知りたい情報」を書きましょう。簡単に言うと「わたしをライターとして採用してくれれば、こんないいことがあります！」を真っ先に伝えるということ。

たとえば「不動産メディアのライター募集」に応募するなら、次のような内容を書きます。

- **不動産会社の勤務経験がある**
- **過去に不動産記事を○○記事書いた**
- **マンションの売買経験がある**

これらはクライアントが知りたい情報ですよね。クライアントは、不動産に関する質の高い記事を書けるライターを探しています。

つまり、不動産会社に在籍していたり、過去に不動産系の記事を書いた経験があったり、あるいは自身で不動産の売買経験があったりする人を採用したい。だから、それを真っ先に書くのです。

提案文の中盤や終盤ではなく、序盤に上記の内容を書くことが重要です。それだけで受注確率が上がりますよ。

なるほど！　だからブログ記事を書いておくことが大事なんですね。わたしの場合は教育系の記事を書いたので、その分野の案件へ応募するときに「記事を書いた経験があります」と言えますね！

その通り。ポートフォリオを厚くしておくと強いんだよ。

● 長文になるときは見出しをつける

提案文が長文になるときは「■ 経歴」や「■ 実績」のような見出しをつけましょう。

たとえば本書も、まったく見出しがなく文章だけつらつらと書かれていたら、非常に読みにくいですよね。それと同様に、長文の提案文も見出しがないと読みにくいのです。

ただし、「見出しをつける」と機械的に覚えるのではなく、クライアントが読みやすいようにつけることが大事ですね。

● ポートフォリオを必ず用意しておく

先ほど解説した「ポートフォリオ」は、提案時までには絶対に作っておきましょう。受注率がまったく異なります。

ポートフォリオは不要という人もいますが、それはレアケース。簡単なポートフォリオなら 2 時間あれば作れるので、まだ用意していない人は必ず作りましょう。

● ポートフォリオにいきなり飛ばさない

提案文に実績（今まで書いた記事）を載せるとき、ポートフォリオにいきなり飛ばすのは NG です。個別記事の URL を貼りましょう。

どうしてポートフォリオのリンクだけ貼るのはNGなんですか？　記事一覧を見られるほうがいいと思いますが……。

記事一覧ページへ飛ばされると「どの記事を読めばいいの？」となってしまうんだよ。それはとても面倒だし、忙しいクライアントにとってはマイナスイメージになりますね。
だから、何個か個別記事のURLを提示して、「もっと詳しく確認したければこちらをどうぞ～」と、ポートフォリオリンクを貼るといいよ。

いきなりポートフォリオに誘導するのは配慮不足

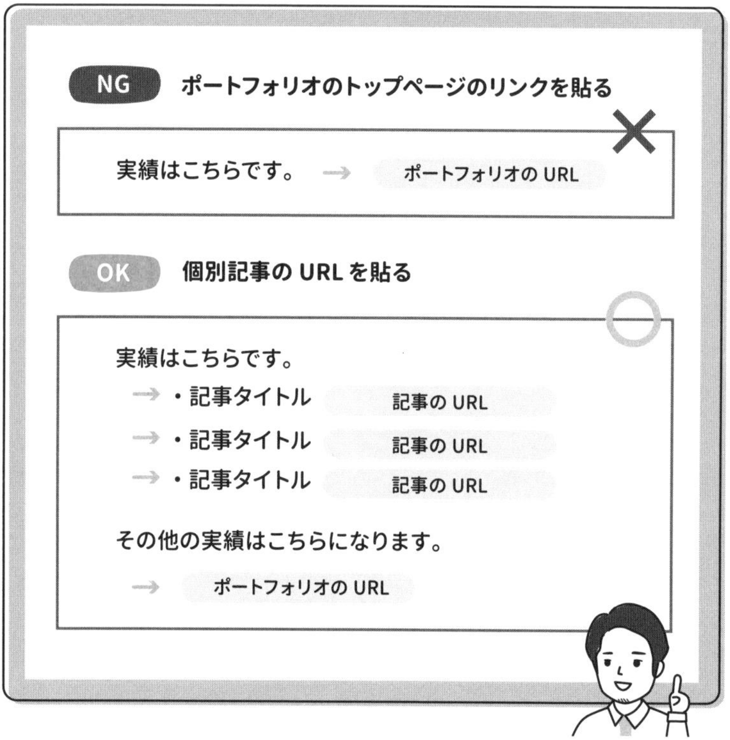

NG ポートフォリオのトップページのリンクを貼る

実績はこちらです。 → ポートフォリオのURL

OK 個別記事のURLを貼る

実績はこちらです。
→・記事タイトル 記事のURL
→・記事タイトル 記事のURL
→・記事タイトル 記事のURL

その他の実績はこちらになります。
→ ポートフォリオのURL

応募する案件に適した個別記事を１～３つくらいピックアップして、URL を記載しましょう。

● 意気込みを最後に少し書く

実績や経歴だけでなく、意気込みも書いたほうがいいです。発注者からすると、同じスキルであれば当然やる気のある人を採用したいからですね。

ただし、長文で書く必要はありません。提案文の最後に、１～２行くらい書いておきましょう。

提案文の基本的な書き方

● 宛名＋自己紹介

提案文に宛名（発注者）を書く決まりはありませんが、書いてマイナスになることはないので、入れておきましょう。当然ながら、誤字脱字などの失礼がないようにします。

あと、自己紹介がないと読む側は唐突に感じるので、簡単に挨拶してくださいね。

● 応募動機と役に立てる理由

今回の案件に、自分の経験やスキルがどのように役立つかを説明します。

- **趣味や実務で経験がある場合**
  ➡ 経験した内容やできることをアピール
- **経験がない場合 ➡ すでに勉強していることをアピール**

抽象的な書き方ではなく、なるべく具体的に書くとよいですね。

書き方の例を３パターン用意したので、自分の状況に近いものを参考にしてみてください。なお、ここでは「宛名 + 自己紹介」は割愛しています。

- **実務経験があるパターン**
- **趣味が案件に活きるパターン**
- **本業や趣味などで経験がないパターン**

実務経験があるパターン

記入例：不動産系の記事を書く場合

早速ですが、今回●●様のお力になりたく思っております。
今回の案件に関連する書籍や最新情報を確認しました。
また、不動産売買の実務経験があることから、以下についても詳しく理解しているので、本案件にもお力添えできると思います。

・マンションを売買する手順
・住宅ローンの申し込みや契約
・住宅ローン減税の制度

趣味が案件に活きるパターン

記入例：車に関する記事を書く場合

早速ですが、今回●●様のお力になりたく思っております。
今回の案件に関連する書籍や最新情報の確認をしました。
また、車の運転や整備が趣味で、情報収集やメンテナンスを日々おこなっています。以下についても詳しく理解しているので、本案件にもお力添えできると思います。

・メーカーや車種ごとの特徴
・パーツごとの修理方法や修理費
・保険会社ごとのロードサービスの違い

● 本業や趣味などで経験がないパターン

記入例：仮想通貨に関する記事を書く場合

> 早速ですが、今回●●様のお力になりたく、仮想通貨に関して詳しく書いているサイトや、ブロックチェーンに関する記事を20記事ほど読みました。
> 以下について詳しく理解できたので、本案件にもお力添えできると思います。
>
> ・仮想通貨を売買するときの手順
> ・仮想通貨取引所ごとの違い
> ・ブロックチェーンの特徴と将来性

● 実績記事

先に解説したように、実績を示す際はポートフォリオのトップページではなく、個別記事のURLを提示しましょう。

個別記事の URL を添付する場合は、記事のタイトルも一緒に書いておくと親切です。

例

> ● **タイトル：仮想通貨を売買するときの手順**
> ※ URL

● 職歴

応募する案件に少しでも関係する職歴は書いておきましょう。社名も書いてOKですが、書かなくても問題ありません。

また、業務内容を具体的に書くとよいですね。どんな記事が書けそうかをイメージしてもらいやすくなります。

例

- **マンションディベロッパーに入社（マンションの営業・仲介）**
- **人材コンサルティング系の企業に転職（法人営業）**

● 質問や要望

もし質問があれば書いておきましょう。

ただし、次のような質問をすると、コミュニケーションが面倒くさそうだと思われる恐れがあるので注意が必要です。

- **応募時に聞く必要のないこと**
- **自分の不安を払拭するための確認**
- **自分本位の質問**

たとえば「将来的には貴社の運営する他のメディアでも執筆できるのでしょうか？」といった質問です。

このような質問は、クライアントからすると「とりあえず今回の案件を頑張って、そこで結果を出してから言ってほしい」と思われます。

● 稼働時間など

稼働時間については、クライアントへアピールできない場合は、提案文に書く必要はありません（必須項目となっている場合は答える必要があります）。

たとえば「休日の1～2時間しか稼働できず、それ以外はメッセージも返信できません」と書くと、実績やスキルで群を抜いていない限り、採用されにくくなるでしょう。ですので、マイナスポイントは敢えて書かないようにします。

反対に「柔軟に対応できる」など、アピールできる場合には書いておくとよいです。

提案文のフォーマット

ここまで解説してきた書き方を参考にして、実際に提案文を書きましょう。次ページに提案文のフォーマットを用意したので、よかったら使ってくださいね。

先ほど紹介した「本業や趣味などで経験がない」パターンで書いてますが、基本的にはどのパターンも一緒です。

提案文のフォーマット

本業や趣味などで経験がないパターン

●●様

わたしの提案をご覧いただき誠にありがとうございます。
Web ライターの○○と申します。

早速ですが、●●様のお力になりたく思っております。
今回の案件に関連する書籍や最新情報の確認をしました。

以下について詳しく理解できたので、本案件にもお力添えできると思います。

・○○○○○○○○○○
・○○○○○○○○○○
・○○○○○○○○○○

POINT
実際にアピールできる内容を記載

また、○○に関する記事を執筆した経験があります。

実績記事
仮想通貨とは何か？　超初心者にもわかりやすく解説！
URL○○○○○
※詳しい実績は以下に載せております
　ポートフォリオの URL○○○○○

POINT
自分のブログに書いた記事でOK

職歴
以下に記載させていただきます。

・20XX 年 X 月：○○○○に入社
（業務内容）
・20XX 年 X 月※現職：○○○○に転職
（業務内容）

POINT
実際の内容に合わせて変更する

現在は副業 Web ライターとしても活動しています。

質問や要望
もしあれば記載する

稼働時間など
副業 Web ライターですが、平日も休日も早めにレスポンス可能です。
また、納期にも柔軟に対応できます。

ご質問などがありましたら、お気軽にご連絡ください。
迅速・丁寧・正確な対応を心がけておりますので、ご検討よろしくお願い致します。

07

最初はどんな案件を受ければいい？

営業方法や提案の仕方を説明してきましたが、実際にどんな案件を選べばいいか迷う人は多いでしょう。

ここでは、案件の選び方について次の2つのポイントを解説します。

- **最初の案件の選び方**
- **避けるべき案件**

最初の案件の選び方

Webライターを始めたばかりであれば、次のような基準で案件を選ぶのがお勧めです。

- **知見や興味のあるジャンル**
- **3,000文字以下の案件**

● 知見や興味のあるジャンル

最初に受けるとよい案件は、知見や興味のあるジャンルです。記事を書くこと自体に慣れていない段階なので、せめて自分がよく知っているジャンルを選ぶということですね。

慣れてきたら知らないジャンルにも挑戦してみるといいですよ。思ってもないジャンルが書きやすいケースもあり、新たな可能性を見つけられます。

知見のあるジャンルといっても、私は専門的な仕事をしたことがありません。子育ての話でもいいんでしょうか？

いいと思いますよ！　子育てや教育に関するメディアも多いし、料理や掃除など家事に関するジャンルもいいんじゃないかな。「子育て」や「料理」などで検索してみるといいと思います。

僕は本業が不動産賃貸の仲介なので、やっぱり不動産系の記事がいいですかね？

そうだね。本業のジャンルに抵抗がないなら、その知見は活かしたほうがいいよ。不動産ジャンルは単価も高めだから、積極的に応募していこう。

● 3,000文字以下の案件

記事の文字数は案件によってさまざまですが、最初は3,000文字以下の案件にしておきましょう。というのも、文字数が増えるほど難易度は上がるからです。

3,000文字以下なら初心者もムリなく書ける長さなので、まずは1,000～3,000文字くらいの記事を探しましょう。

慣れてきたら、文字数が多い案件にもチャレンジしていきましょう！

避けるべき案件

避けるべき案件を解説します。筆者の経験上の話なので、絶対に避けるべきという意味ではありません。自分なりに「問題ない」と思えれば受けても OK です。

避けるべき案件

- **依頼内容が雑**
- **評価が低い**
- **テストライティングの条件が悪い**

避けるべき案件は、ざっくり言うと**精神が疲弊する案件**ですね。

依頼内容が雑

「依頼内容が雑」というのは、どんな記事を書けばいいかわからない案件です。たとえば「商品の記事作成ができる人を募集。どの商品を書くかは記事によって異なります」のような依頼だと、詳細がわかりません。

このような雑な依頼文を書くクライアントは、普段のコミュニケーションも雑なケースが多いでしょう。そもそもどんな記事を書くかわからないので、その点もリスクが大きい案件と言えます。

評価が低い

クラウドソーシングでは、第三者からの評価が公開されています。評価が低い人は何かしらの問題を抱えている可能性が高いため、要注意です。もし判断に迷うなら、評価の内容も見てみましょう。

他のライターからひどい内容を書かれていたら、トラブルが多いクライアントの可能性があるので避けたほうが無難です。

テストライティングの条件が悪い

「**テストライティング**」とは実技試験のようなものです。テストライティングに合格したら本採用という流れになります。

テストライティングについては、単価が低すぎる案件は避けましょう。目安としては、**本採用の単価の 1/3 以下**だと低すぎるという印象です。安く書かせて、本採用する気がないというケースがあるので注意しましょう。

テストライティングの記事数は、通常は１記事、多くても２～３記事です。というのも、テストライティングは文章力とコミュニケーション力を測るテストなので、本来は１記事で十分。２～３記事は許容範囲ですが、それ以上を求める案件は避けたほうがいいです。

初心者には難しい案件

- **編集や校正**
- **シナリオ作成や脚本作成**
- **取材記事**
- **LP ライティングやメルマガ**

未経験者や初心者の方は、最初は SEO ライティングの案件から始めるのが無難です。上記のような案件は、基礎的なライティング能力以外に特別なスキル（インタビュー能力など）が必要なので、初心者のうちは避けたほうがいいでしょう。

● 注意が必要な案件

● 未経験者歓迎や初心者歓迎

「未経験者歓迎」「初心者歓迎」をアピールしている案件は、報酬が低いうえに、今後の単価アップもあまり期待できません。

このような案件は難易度が低い記事が多いため、クライアントもあまり予算を割けないのです。

でも、未経験のときは「未経験者歓迎」の案件しか受からないのでは……？

まったくの未経験のときは、1件目の実績を作るために未経験者歓迎の案件を受けるのもありだと思うよ。安くても高くても、実績が1件増えることには変わりないからね。

そこで実績を何件かつくれば、その後はどんどん仕事が取れるんですか？

実績が増えると、徐々に単価の高い案件も取れるようになっていくよ。少しでも書けそうな案件には、どんどんチャレンジしていこう！

はい！

さて……ここまででWebライターとして案件が取れる状態になっています。あとは実際に行動するのみ！　今まで学んだことを活かしてどんどん案件をこなしてみてください。

いよいよか……。頑張らないと。

なんだか緊張しますね（笑）

ここまで学んだことを活かせれば大丈夫だよ。
じゃあ、一旦4か月くらいは一人でやってみようか！
また4か月後に会いましょう。

4章

ライター初心者がつまずきやすいポイント

Webライターとして実際に仕事に取り組んでみると、高い壁に直面することが多々あります。
記事修正の多さや合わないクライアントに疲弊するケース、継続案件を失うケースなど、さまざまです。その壁を乗り越えられずに、Webライター1年目で挫折してしまう人も珍しくありません。
本章では、初心者のWebライターがつまずくポイントに焦点をあて、解決方法を提示しています。課題をあらかじめ知って対策を講じることで、一人で悩まずに解決していけます。
さっそく本章を読み、立ちはだかる壁を乗り越えていきましょう！

01

赤字で凹むな

4ヶ月後の悩み相談

3章でライターデビューを果たしたユウタさんとケイコさんは、その後、各自で案件を獲得しながらWebライターとして活動してきました。ライターデビューから4ヶ月後、第2回目のコンサルが始まります。

4ヶ月間いろいろあったと思うから、悩みがあれば聞くよ。今はどんな状況？

教育系や副業系の記事を書きたいのですが、なかなか案件が見つからないんです。なので、今はあまり仕事を選ばずに幅広く書いています。

僕は本業の経験が活かせる不動産賃貸系の記事を、少し受注できるようになりました！　ただ、あまり多くはないので、今はまだいろいろなジャンルを受けています。めちゃくちゃ悩んでいるので相談にのってください。

本章では2人の悩みを、ひとつずつ解決していきます。

赤字（修正）をもらったら感謝しよう

書いた記事に、毎回ものすごく赤字（修正）が入るんです。それで、凹んでいます。

私も、たくさんフィードバックされます。少し自信をなくしてしまいました。

原稿に赤字が入るのは普通のことだから、反省する必要はあるけど過度に落ち込む必要はないよ！
もちろんライターとしては「赤字ゼロ」を目指すべきなので、「赤字が入るのは当たり前でしょ」と開き直っちゃダメだけどね。僕はライター8年目だけど、今でも赤字はもらうよ。

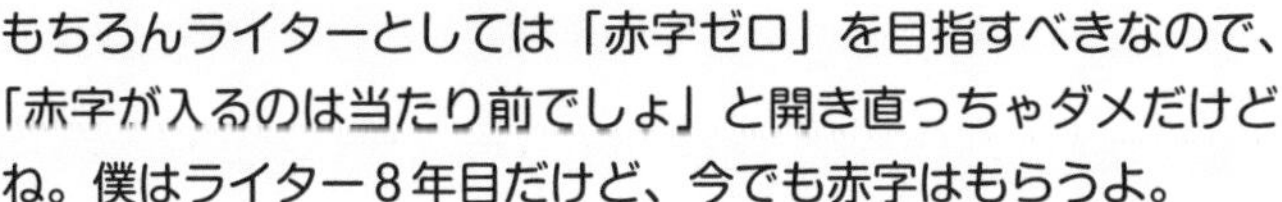

そうなんですね……！　少しホっとしました。

実は、赤字をもらえない場合こそ注意が必要なんだよ。修正がゼロというケースもあるんだけど、「修正指示を出すよりも自分で手直ししたほうが早い」と判断されているケースもある。だからクライアントや編集者がわざわざ労力をかけてまでフィードバックをしてくれるなら、それは非常に貴重な環境と言えるね。

赤字を減らす対策をしよう

過度に凹む必要はないとはいえ、クライアントから継続的に依頼をもらうためには、赤字を減らしていくのは必須。そのための対策は次の４つです。

- **フィードバック内容をまとめておく**
- **納品先メディアの他記事をチェックする**
- **本書を読みなおす**
- **求められるレベルに合わせて勉強する**

● フィードバック内容をまとめておく

赤字を減らすためには、同じ指摘を何度も受けないことがポイントです。

でも……膨大な量を指摘されたら、すべてを覚えておくのは難しい気がします。どうすればいいですか？

指摘された内容をGoogleスプレッドシートやExcelなどにまとめて、執筆前や推敲時に必ず確認しよう。それを見てから書き始めると、同じミスをしにくくなるんだ。
次の図のように、修正前後の比較を載せておくと、どのように直せばいいかわかります。他の記事を執筆する際にも活かせますよ。

修正前と修正後をまとめておく

内容	修正前	修正後
語尾の3連続を避ける	Webライターは未経験から始めることが可能です。 特別な技術が必要ないからです。 主な仕事内容はSEO記事の執筆です。	Webライターは、特別な技術を必要としません。 そのため、未経験から始められます。 主な仕事内容はSEO記事の執筆です。
単語の重複をなくす	文章を書くことが好きなので、文章を書くことを仕事にしたいです。	文章を書くことが好きなので、ライターになりたいです。
⋮	⋮	⋮
冗長な表現を削る	記事作成において、構成を作ったり、執筆したりすることができます。	記事の構成作成や執筆ができます。

このように自分だけのマニュアルを作って、赤字を減らしていきましょう。

● 納品先メディアの他記事をチェックする（音読、写経）

案件を受注したら、納品先のメディアをよく見て、トンマナ（トーン&マナーのこと。Webライティングでは、メディアや記事の雰囲気のことを指します）を確認しましょう。マニュアルにないポイントを自らチェックして記事に反映させることで、執筆後の修正が少なくなります。

具体的なチェックポイントは、次の通りです。

納品先メディアの他記事のチェック項目

Check	トンマナなど
□	改行（何行くらいで改行するか）
□	語尾のレパートリー（ですます調、体言止め、問いかけなど）
□	表現（あおるような表現の有無など）
□	装飾（太字やマーカーの種類、装飾する頻度、装飾は単語単位か文章単位か）
□	箇条書きや表（装飾や形状、1項目ごとの文章の長さ）
□	訴求先（自社商品の販売や資料請求、問い合わせなど）
Check	**文字数**
□	タイトル
□	見出し
□	記事のリード文
□	章ごとのリード文
□	各見出しの本文
Check	**構成**
□	記事全体の流れ
□	H2見出しの数
□	階層（H3やH4）の深さ
□	口コミやよくある質問の有無
□	まとめの見出しの有無

なぜ、こんなに多くのことをチェックするんですか？

メディアごとに方針が決まっているからだよ。ライターさんによって書き方や形式が異なるのは、発注者として困るんだ。だから事前にメディアをチェックしてトンマナを合わせてくれると、クライアントはすごく助かります。

● 本書（2章）を読み直す

赤字を減らすためには、同じミスをしないのはもちろんのこと、そもそも修正されないようにするのも重要です。そのためには、ライティングスキルを磨くことが欠かせません。

どうすれば、もっと文章力を上げられますか？

2章の「ライティングの基礎を学ぼう」で、Webライターに必要な基礎は一通り解説しているよ。もう1度読み直して、文章をよりブラッシュアップしていこう！

● 求められるレベルに合わせて勉強する

基本的なライティングスキルについては、本書の内容を実践するだけでOKです。ただ、クライアントから求められるレベルが高い場合は、さらに勉強する必要があるでしょう。

筆者が作ったライター向け無料素材「WritingBegin」（https://nakamura-editing.co.jp/writer/writingbegin/）には、Webライター初心者が知っておくべきことを、すべてまとめてあります。まずはこれで学びましょう。

◆ Webライターラボメディア「WritingBegin」
https://nakamura-editing.co.jp/writer/writingbegin/

そんな膨大な教材が無料で見られるんですね！　それで勉強します！

文章術のチェックリストも用意してあるので、ユウタさんとケイコさんに贈りますね。

本書の読者特典として文章術チェックリストを用意しました。次のサポートページからダウンロード可能なので、活用してください。

● サポートページ（文章術チェックリスト）

http://www.sotechsha.co.jp/sp/2119/

02

コピペ地獄を脱する方法

コピペとは何か？

Web ライターが一度は悩むことと言えば「コピペ率が高くなること」でしょう。

コピペ率（コピー&ペースト率）とは「Web 上にある他の記事と、どのくらい似ているか」を割合（%）で表したもの。案件によっては「コピペ率を 40%以下にするように」などの指定があります。

大前提としてネット上の記事をコピペしてはいけませんが、コピペしていなくても数値が高くなる場合もあります。

コピペ率をチェックするツールはさまざまですが、多くの案件で用いられるのは「CCD（CopyContentDetector）」（https://ccd.cloud/）です。主にクライアントが確認する数値は次の２つですね。

- **類似度：文章単位で一致している割合（目安 7 ～ 10%以下）**
- **一致率：単語単位で一致している割合（目安 40%以下）**

※目安は感覚値であり、クライアントによって基準は異なります。

上位記事を参考にしすぎるのはNG

僕はコピペ率が毎回高くなってしまって、数値を下げることに苦労しています。

上位記事をどのくらい参考にしているの？

教えてもらった通りに、上位記事をリサーチして構成を作っています！　いい記事が多いので、ほぼそのまま真似しています。まるっとコピーして語尾や単語を変えていますよ。

それは絶対にやってはいけないよ！　上位記事を参考にする目的は、あくまで構成を作る上で読者ニーズを把握するためなんだ。2章の「構成を作ろう」をもう1回見直してみて。本文を丸パクリするのは絶対NGだし、語尾や単語を変えてもダメだよ。

既存のコンテンツよりもわかりやすい情報や、価値のある新しい情報を届けるためには、オリジナリティを入れることが重要です。その意味でも、上位記事を参考にしすぎるのは避けましょう。繰り返しますが、今ユウタさんがやっていることは絶対にNGだよ！！

はい……すみません……。

コピペチェックの対策

繰り返しになりますが、大前提としてコピペは絶対にダメです。ただ、オリジナルな記事であっても、内容が他の記事と似てしまうことはあります。

そんなときには、次の4つを試してみましょう。

- **オリジナルな体験を記載する**
- **再度リサーチする**
- **指示語に置き換えたり省略したりする**
- **クライアントへ相談する**

● オリジナルな体験を記載する

自分にしか書けない「オリジナルな体験」は他の記事と内容が被らないため、必然的にコピペ率も下がります。これがもっとも本質的な解決策でしょう。

オリジナルな体験と言われても、
何を書けばいいんでしょうか？

たとえばユウタさんなら「私は不動産仲介の営業をしていて～」と体験談を書くといいね。ケイコさんなら「3歳の子どもがいて～」と体験談を書けば、子育てや教育系の話に説得力が増すよ。
商品やサービスのレビュー記事であれば、企業や店舗に問い合わせた内容を入れるのも効果的です。

● 再度リサーチする

再度リサーチして､記事をブラッシュアップすることも対策の1つです。そもそもコピペ率が高い要因は、他の記事と内容が似ているから。そのため（当たり前ですが）競合記事が書いていないことを書けばコピペ率は下がります。

リサーチの方法は2章の「構成を作ろう」の「読者ニーズを深掘りして情報を追加する」や「一次情報を盛り込む」を参考にしてください。

● 指示語に置き換えたり省略したりする

これはあまり本質的な解決策ではないので、優先順位は低めです。

先述した通り、一致率は単語単位で検出されるため、同一のキーワードが含まれていると「一致している」と判定されます。

一致している文字数が多いほどコピペ率が高くなるので、キーワードが長いときはどうしても数値が高くなってしまうのです。たとえば「不動産クラウドファンディング」（14文字）のように長いキーワードを書くときはコピペ率が高くなりがち。この場合の対策は、指示語（この、こちら、それ､など）への置き換えや､他の言葉への言い換えです｡「○○　言い換え」と検索するなど、言い換えを探してみましょう。

ただし、あくまで読者にとって理解しやすいことが第一なので、単語を置き換ることで読みにくい文章になってしまうのはNGです。

● クライアントへ相談する

ある程度はコピペ率が高くなっても仕方ない旨を、クライアントへ伝えるのも手段の1つです。

たとえば筆者の経験上、次のような記事はコピペ率が高くなる傾向があります。

- **まとめ記事**
- **数字が多い記事（税率など）**
- **法律関係の記事**
- **記事の文字数が少ない（1,500 文字以下）**
- **キーワードが長い**
- **「○○とは？」系の記事（何かを説明する記事）**
- **手順の説明系（金融機関の口座開設など）**

どうしてもコピペ率が下がらない場合、次のいずれかの方法でクライアントへ相談してみてください。

- **理由を伝えて事前に相談する**
- **一致している箇所を明示する**

どうやって事前に相談するのでしょうか？

コピペ率が高くなりそうだと予測できる場合は、「○○の記事は××という理由で一致率が高くなる傾向があるため、○%以下は難しいかもしれません。どうしても難しい場合は相談させてください」と伝えておくといいよ。

執筆後にコピペ率が高いとわかった場合は、どう相談すればいいですか？

事後であっても、一致している箇所を明示することで納得してもらえるケースはあるよ。

03

ノリはクライアントに合わせる

私はクライアントとのコミュニケーションで悩んでいます。テキストでのやり取りがうまくできなくて……。何か問題があるわけではないけれど、距離を感じるんです。

もともと会社員だった人や、真面目な人によくある悩みだね。フリーランスや副業ライターのクライアントは、フランクなやり取りを好む人もいるよ。

テキストコミュニケーションのノリは合わせる

クライアントとは、どんな文章でやり取りをしているの？

失礼のないように接していますよ。こんな感じです。

クライアントとのやり取りの例1

田辺さん、おつかれさまです！
先ほど納品してもらった記事のデータを、
もう一度送ってもらえないでしょうか〜？
よろしくお願いします☺

株式会社○○編集プロダクション斎藤様
いつもお世話になっております。
Webライターの田辺ゆかでございます。本件に関して承知いたしました。
本チャットの添付ファイルにて、先ほどの記事を再度ご送付申し上げます。

※田辺ゆか：ケイコのライターネーム

ケイコさんのチャットは堅すぎるね（笑） もっとクライアントにノリを合わせよう。ノリの合わせ方は、飲み会をイメージしてみるといいよ。

飲み会のイメージ

前ページのイラストのように、クライアントが楽しそうに話しているのに、ケイコさんはつまらなさそうにしているのが、現状のコミュニケーションのイメージです。

もう少し「クライアントにノリを合わせる」意識を持つだけで、やり取りの雰囲気は変わるでしょう。

クライアントに送るチャットを、どのくらいフランクにしていいのかわかりません。どうすれば適度に文章を柔かくできますか？

クライアントが絵文字を使っているなら、ケイコさんも文章中に１個だけ絵文字を入れてみたら？　ですます調で丁寧に書きつつ、文末にエクスクラメーションマーク（！）をつけるのもいいね。このクライアントに対しては、こんな文章を送るといいんじゃないかな？

修正前

田辺ゆか

株式会社〇〇編集プロダクション斎藤様
いつもお世話になっております。
Webライターの田辺ゆかでございます。本件に関して承知いたしました。
本チャットの添付ファイルにて、先ほどの記事を再度ご送付申し上げます。

修正後

斎藤様
ご連絡ありがとうございます！
先ほどの記事をお送りしますので、ご確認お願いします。
もし不具合がありましたら、お手数ですがお知らせくださいませ。

仕事をするうえでテキストコミュニケーションは非常に大事。まずはクライアントにノリを合わせましょう！

「フランクにすればOK」というわけではない

僕は、フランクにチャットしていますよ！

どんな感じでやり取りしているの？
チャットを見せてくれる？

クライアントとのやり取りの例2

ユウタ

斎藤さんへ
おつかれさまです！記事をお送りします(^^)
ご確認お願いします☺

斎藤
（クライアント）

〇〇ユウタ様
いつもお世話になっております。
今回も読みやすいお原稿をご執筆いただき、誠にありがとうございます。
引き続きよろしくお願い申し上げます。

これはダメだよ。何でもかんでもフランクにしようという意味ではなくて「ノリを合わせる」ことが大事なんだよ。クライアントが堅い感じなら、相手に合わせてきっちりした文章で返そう。

一度顔を合わせると、テキスト上でもやり取りしやすくなるので、オフラインの交流会やオンラインミーティングの機会があれば、積極的に参加してみるといいですよ。

クライアントと親密な関係になると仕事が増えたり、そこから縁が広がったりすることもあります。「お客様」という意識も大事ですが、「一緒に仕事をしているパートナー」という意識を持ちましょう！

04

合わないクライアントは卒業しよう

まずは「合わせる」努力をしてみよう

クライアントとのやり取りって、大変ですね。中には相性が合わないクライアントもいるんですが、どうすればいいですか？

合わないというのは、具体的にどんな感じ？

指摘が細かすぎて、僕が疲れてしまうんです。

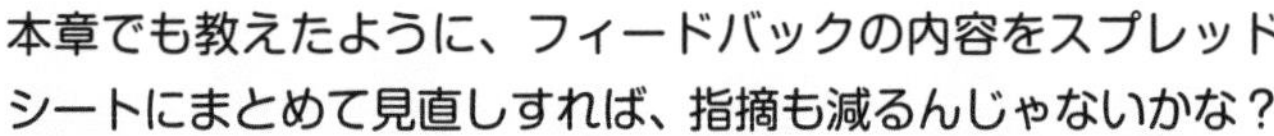

それは指摘が細かいというより、仕事が丁寧なだけかもしれないよ。
本章でも教えたように、フィードバックの内容をスプレッドシートにまとめて見直しすれば、指摘も減るんじゃないかな？

私は、高圧的なクライアントさんに怖さを感じています。

悪気なくズバズバ言う性格の人もいるから、威圧しているわけではないかもしれないね。オンラインで１度顔を合わせると解決するかもよ。お互いの表情や人柄がわかると、チャットにも怖さを感じにくくなるんだ。

クライアントと合わないからといって、すぐに取引をやめていては仕事になりません。「本当に相性が悪いのか」「自分が合わせられる部分はないか」など、まずは改善を試みることが大事です。

努力をしても合わない場合は離れよう

合わせてみようとは言ったけれども、努力しても合わないクライアントからは離れたほうがいいよ。

え!?　大丈夫なんですか？　本業の不動産営業では嫌なお客様でも接客しなきゃいけないので、離れてもいいなんて観点がありませんでした。

私も事務職だったときは、仲が悪い上司とも接する必要があったので、仕事ではどんな人にも対応しなければ……と思っていました。

合わないクライアントの依頼を断れずに、疲弊してしまう人は少なくありません。その原因の多くは「断るのが悪いと思ってしまう」や「案件がなくなるので断れない」という場合でしょう。

しかし、どうしても合わないクライアントであれば、勇気を持って断らなければいけません。会社に勤めていると会社が自分を守ってくれますが、フリーランスや副業ワーカーは自分で自分を守る必要があるからです。

そのためにも、合わないクライアントにどう対応するかを考えて、自身で判断していきましょう。

離れるときもマナーを守ろう

クライアントから離れるときには、お礼を言って丁重にお断りしましょう。迷惑がかかる辞め方はNGです。

どうせ辞めるなら、気を遣わなくてもいいんじゃないですか？

ビジネスパーソンとしてのマナーは守ろう。案件の途中でいきなり辞めるのは、人として不義理すぎるからNGだよ。クライアント同士がつながっている場合もあるから、よくない噂がまわることもあるし。

特定のクライアントから離れる場合は、現在依頼を受けている記事をすべて納品してからにしましょう。そのうえで、できれば1ヶ月ぐらい前に「来月から仕事は受けられない」旨を伝えるのがベストです。具体的な断り方は次節で後述します。

05

仕事を断る勇気を持とう

クライアントさんとの相性はいいけど、報酬は低いし実績公開もできない案件はどうすればいいでしょうか？　断りたいような断りたくないような……という感じです。

それはよくあるパターンだね。いずれ心身が疲弊するので、断るか否かを真剣に検討したほうがいいよ。

クライアントがすごく良くしてくれるし、丁寧な方だから断りにくいという話は本当によく聞きます。

しかし現実的な話をすると、いい人だとしても報酬が低かったら、いつまで経っても金銭的に潤いません。さらに実績公開もできないとなると、他の仕事にも発展しにくいでしょう。

クライアントに申し訳ない気持ちがあっても、そのような仕事は断ったほうが自身のためになります。

クライアントや案件を選ぶ基準を持とう

案件を受注するか否かも含めて、クライアントを選ぶ基準を持ちましょう。基準を作っておけば、断りづらいという理由だけで案件を受けることがなくなりますよ。

筆者が案件を選ぶ基準は、次の４つです。

- **報酬**
- **実績や経験**
- **案件が拡大するか否か**
- **恩義**

基本的には上記の２つ以上に該当するか、あるいはどれか１つが大きくないと、僕は仕事を受けません。

「クライアントを選ぶと」いうと傲慢に聞こえるかもしれませんが、副業ライターやフリーランスは、自分の身は自分で守る必要があるため、この考え方は非常に大事です。ぜひ自分なりの基準を作りましょう。

筆者の４つの基準について解説するので、参考にしてください。

報酬

「報酬が◯円以上なら受ける」という基準です。たとえば、文字単価１円を目指しているのであれば、１円以上に設定します。

基準とする単価は、一度決めたら固定というわけではありません。受けたい仕事内容や自分のライター歴、実力に応じて変えていきましょう。

● 実績や経験

実績や経験とは「実績公開できるか」「ポートフォリオに載せられるか」という点です。

実績は公開可能かどうかでわかりますが、経験は何で判断するのでしょうか？

たとえばケイコさんは、教育系や副業系に特化していきたいんだよね？　その場合、報酬が少し低くても、副業系の執筆経験を積めるなら受注するという考え方です。
目先の利益が低くても、ここで積んだ実績や経験が後々活きてくることは多々あります。

● 案件が拡大するか否か

案件が拡大するか否かというのは、「その案件から別の仕事につながる可能性があるか」という意味です。

たとえば、編集プロダクションやマーケティング会社から受注する場合、その会社に次のような特徴がないかを調べます。

- 自社で複数のサイトを運営している
- さまざまなクライアントとつながっていそう

もし上記のような特徴が見られれば、その案件をこなして信頼を貯めることで、別の仕事にもつながる可能性があります。案件が拡大するか否かとは、そういう意味です。

この判断は難しいですが、クライアントのホームページなどを見て、どのような仕事をしているかを調べてみるといいですよ。

● 恩義

シンプルに「その人に恩があるかどうか」も、やはり大事です。結局は人と人が仕事をしているので、義理人情を忘れてはいけません。

ここまでに挙げた「報酬」「実績や経験」「案件が拡大するか否か」「恩義」のうち、次のように２つ以上に該当することがベストです。

- **報酬も高くて、実績にもなる**
- **恩義があるし、経験にもなる**

一つしか該当しない場合は、それがものすごく大きな要素であれば受注します。たとえば報酬も恩義もないし、案件も拡大しないけれど、すごく大きな実績になる場合ですね。

大きいというのはどの程度でしょうか？

ユウタさんは不動産系に特化していきたいなら、不動産の超大手メディアで実績公開できる案件なら、一つでも十分大きいと言えるよ。

本書で挙げたのはあくまで筆者の基準です。こんな感じで自分なりの基準を作ってみてください！

交渉するのもあり

クライアントを選ぶ基準の話をしましたが、合わなければすぐに断るのではなく、交渉するのもありです。「報酬がもう少し高ければ受ける」「実績公開OKであれば受ける」という気持ちがあるなら、交渉してみましょう。

報酬が低くて、実践公開もできないクライアントさんには、どう交渉すればいいですか？

単に「報酬を上げてほしい」と言うより、具体的な金額を言ったほうがいいよ。たとえば「現状は文字単価0.7円だけど、1.0円ならやりたい」のように言ってみよう。

あるいは「実績公開が可能なら、報酬が低くてもいい」という場合、実績公開を交渉するのも手段の1つです。交渉文に関しては5章で詳しく紹介しますね。

案件の断り方

クライアントを選ぼうといっても、断り方が分からない人もいると思います。断るときには次の2つを押さえておきましょう。

- **まずは今までのお礼を言う**
- **断る理由を伝える**

いくら条件が合わないとは言え、不満だけを言って辞めていくのはビジネスパーソンとしてNGです。まずこれまで依頼してくれたお礼を言いましょう。そのうえで、できれば断る理由も伝えたほうが、相手の納得感も高まります。

例文を紹介しますので、断り方に悩んでいる方は参考にしてください。

● 断り方の例文

株式会社〇〇〇〇　〇〇様

いつもお世話になっております。
ライターの〇〇です。

早速ですが、ご相談があります。

この度、諸事情により今まで同様の執筆業務を継続することが難しくなりました。
そのため、〇〇案件のお取引を終了させていただきたく、ご連絡いたしました。

今月（または次回）の執筆についてはお引き受けさせていただく所存ですが、来月以降（次々回）は難しくなる状況です。ご迷惑をおかけし、申し訳ありません。

今までのご依頼には大変感謝しております。
今後も〇〇様のご繁栄を心より願っております。

お世話になりました。

〇〇〇〇（ライターネーム）

今回はかなりカチッとしたバージョンだね。クライアントとの関係性によっては、もう少しフランクでも大丈夫だよ。

06

継続依頼は突然終わる

僕は継続案件が突然終わったことに悩んでいます……。

そういうことは結構あるから、赤字と同じで凹みすぎないようにしよう。でも反省するのは大事だね。

継続案件が終了になった場合は、原因を探って対策することが重要です。クライアントが「この人にはもう発注したくないな」と思うポイントには、主に次の4つが挙げられます。

- **赤字が減らない**
- **レスポンスが遅い**
- **納期に遅れた**
- **心証が悪くなることをした**

上記について、特に指摘せずに離れていくクライアントもいます。

原因を探るためには、これまでやり取りや提出した原稿をもう1度確認してみましょう。継続案件が終わった原因を絞り込めるかもしれません。

赤字が減らない

先述した通り、提出された原稿に赤字を入れる作業はものすごく大変です。そのため、いつまでも赤字が減らない場合や、何度も同じフィードバックをされている場合、案件が終わる原因となるでしょう。

赤字を減らす対策はここまで説明した通り、次の４つです。

- **フィードバック内容をまとめておく**
- **納品先メディアの他記事をチェックする（音読、写経）**
- **本書を読み直す**
- **求められるレベルに合わせて勉強する**

この他に、原稿がどの程度修正されているかを調べる方法もあります。「difff（デュフフ）」（https://difff.jp/）というサイトで、提出した原稿とメディアに公開された文章を入力すると、２つの文章の違いが表示されます。

◆ difff（デュフフ）
https://difff.jp/

フィードバックがない場合も自分で違いを調べて、修正箇所を次回の執筆時に活かすといいでしょう。

レスポンスが遅い

仕事の進捗が遅れるため、レスポンス（返信）が遅いことが原因で案件が終わることもあります。

ただし、「早くレスポンスしよう」と思うだけでは改善が難しいので、「なぜ迅速に返信できないのか？」を考える必要があります。

仕事が詰まっていると返信できないんです。そのまま忘れてしまうこともあります。

本業が別にある場合は、こういうケースが多いよね。

レスポンスが遅くなる場合の具体的な対策は次の通りです。

- **クライアントに稼働時間を前もって言う**
- **スマホで取り急ぎ一次返信をしておく**
- **返信することを忘れないように自分にメールする**
- **To do リストやカレンダーに入れておく**

筆者の場合、たとえば「○○さんへ返信」と Google カレンダーに登録したり、自分宛にメールを送ったりしています。すぐに内容を確認できない場合は「何時までに返信します」という一次返信を送るだけでもクライアントは安心します。時間ができてから、あらためて連絡すれば OK です。

副業の場合は、本業に支障をきたさないようにしましょう。通知音を切るなどの対策が必要です。

納期に遅れた

納期遅れもクライアントからの評価が大きく下がります。これもレスポンスと同じく、仕事の進捗に影響するからですね。

メディアの運営者からすると「10 月上旬には公開したい」などのスケジュールがあります。納期に遅れるとメディアのさまざまな戦略が崩れてしまうので、非常に困るわけです。

特に法人は、公開する記事数のノルマが会社側から設定されている場合もあり、それが守れないのは大きなマイナスになります。

● 納期に遅れる場合の注意点

絶対にダメとはいえ、現実には遅れてしまうこともあるでしょう。その場合の注意点は次の通りです。

- **遅れる場合には事前に連絡する**
- **一度延期した納期は絶対に守る**

まずは「事前に連絡する」ことです。たとえば9月30日の納期に間に合わない状況になっていることは、数日前にはわかりますよね。その時点でクライアントに伝えましょう。納期が遅れる旨の報告は早ければ早いほどいいです。

また、一度延ばした納期に遅れるとさらに心証が悪くなるので、延期してもらう際には、絶対に間に合う日時にしましょう。

納期に遅れないための対策

納期に遅れる場合の注意点を解説しましたが、そもそも遅れないように対策することのほうが大切です。具体的には次の方法があります。

- **仕事を受けすぎない**
- **各作業にかかる時間の感覚を養う**
- **余裕を持ってスケジュールを組む**
- **自分の限界を知る**

まずは仕事をたくさん受けすぎずに、少しずつ受けることです。「この内容や文字数なら何時間かかる」とわかるようになるので、その感覚を養います。それから徐々に仕事を増やしていきましょう。

実は納期に1度遅れてしまいました。子どもが風邪をひいて病院に連れて行ったり、看病したりしていたので、執筆できなかったんです。

子どもが体調を崩すのは、仕方のないことだね。ただ、厳しいけれどクライアントにとって子どもの体調は関係ないから、その場合でも納期に間に合わせる対策が必要だよ。

突発的なことが起こりやすい状況であれば、特に余裕を持ったスケジューリングをしなければなりません。小さい子どもがいたり、自身が体調を崩しやすかったりする場合、あるいは本業で急に残業が入りやすい場合も、仕事を受けすぎないことが大事です。

限界まで仕事を詰め込みすぎると心身がすり減るので注意しましょう。

心証が悪くなることをした

● SNSなどでクライアントの愚痴を投稿するのはNG

クライアントからの心証が悪くなる行為も、継続依頼が終わる要因です。たとえば､印象がよくない内容をX（Twitter）に投稿するというのが､よくあるパターンです。

僕は、ごく普通の内容しかX（Twitter）に投稿していません。

ユウタのX（Twitter）の投稿画面

> **ユウタ** @yuta・○月○日 …
> 新規で受注した案件のレギュレーションが厳しい～。　大変だなぁ～

> **ユウタ** @yuta・○月○日 …
> おはようございます！今日は本業が休みなので、記事を書けます！

X（Twitter）の運用を継続しているのはいいね。ただ「レギュレーションが厳しい」と書くのは絶対ダメだね。クライアントからすると文句のように感じてしまうから。

継続依頼が終わった原因が上記の投稿だったかはわかりませんが、こういうネガティブな投稿は避けたほうがいいです。

クライアントは、依頼しているライターの投稿を意外とチェックしているものです。愚痴が書かれていると、イメージは悪くなってしまいます。

● 高圧的なチャットを送るのはダメ

クライアントへ送るチャットの文面が高圧的な場合も、心証が悪くなりやすいです。

僕のチャットは高圧的ではないと思います。ただ、本業の合い間ですごく急いでいるときは、ひと言だけ送ってしまうんですよね。これはダメなんでしょうか？

返事だけの文章は無愛想に受け取られがち

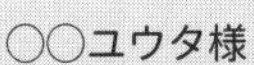

○○ユウタ様
お世話になっております。
納品いただいた○○の記事について、以下の修正を○日までにお願いできますでしょうか。よろしくお願いいたします。

修正① 〜〜〜
修正② 〜〜〜

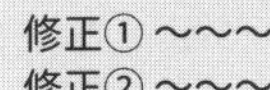

わかりました。

いくら急いでいても、これは失礼だよね（笑）。見方によっては、修正されて不機嫌になっているように感じるかもしれない。もう少し丁寧に、こう書けばいいんじゃないかな？

修正後

〇〇様
修正いただきありがとうございます。
〇月〇日までの修正納期の件、承知いたしました。〇日までに提出いたします。
今後ともよろしくお願いいたします！

返信するときも、丁寧に書いたほうがいいんですね。

高圧的な文面を毎回送られると、クライアントもやりづらさを感じます。本章で解説したように、ノリやトンマナはクライアントに合わせましょう！

というわけで、お悩みは以上かな？　今回話したことを踏まえて、また４ヶ月くらい一人で頑張ってみようか！

ありがとうございます！　頑張ります。

5章

単価を上げていこう

Webライターとして半年から1年ほど経験を積んだら、報酬を増やしていくフェーズに入ります。場合によっては取引を見直す必要も出てくるでしょう。
本章では、単価を上げるために重要な「得意分野のつくり方」や「キャリアの見直し方」、「営業方法」を解説します。
さらに、稼ぐためにはメンタルの安定や仲間の存在のほか、マインドブロックを外すことも欠かせません。どれもがスケールアップするためには必要な要素です。
さっそく5章を読んで、単価を上げていきましょう！

01

得意分野をつくっていこう

第２回のコンサルを終えたユウタさんとケイコさんは、その後４ヶ月間、各自でライターの活動をしてきました。ここからは第３回目のコンサルが始まります。

４ヶ月間やってみて、どうだった？
何か悩みがあれば聞くよ。

僕は不動産賃貸系で案件が受注できるようになってきました！　ただ、今後は賃貸系だけでなく売買系にも応募したいです。

私は幅広く案件を受けて、スキルを上げている段階です。以前「王道ルート」と中村さんがおっしゃっていたディレクターに挑戦したいのですが、どうしようか迷っています。

じゃあ、一つずつ悩みを解決していこう！

リサーチしながら知識をつけよう

今は、本業の経験を活かせる不動産賃貸系の案件を受けています。ポートフォリオが強化できたので、応募に通るようになってきました。

ただ、いろいろ調べていくうちに、不動産売買系のほうが単価は高いですし、個人的に興味のある分野なので挑戦してみたいと思っています。

その作戦はいいと思うよ。不動産業界で働いていることは強みになるし、今までの経験も活かせる。
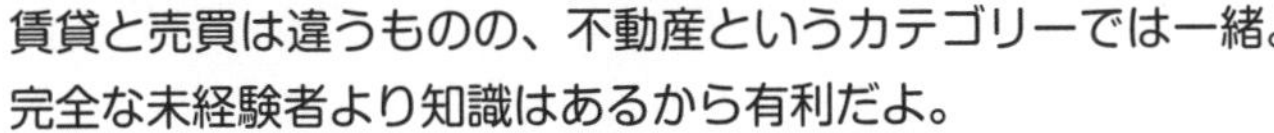
賃貸と売買は違うものの、不動産というカテゴリーでは一緒。完全な未経験者より知識はあるから有利だよ。

まずは案件を受けてみよう

具体的にどうやって不動産売買系の案件を増やしていけばいいですか？

不動産売買について書籍やYouTubeで学びながら、とにかく記事を書いてみよう！　あとはオンラインコミュニティなどで情報収集するのもいいね。
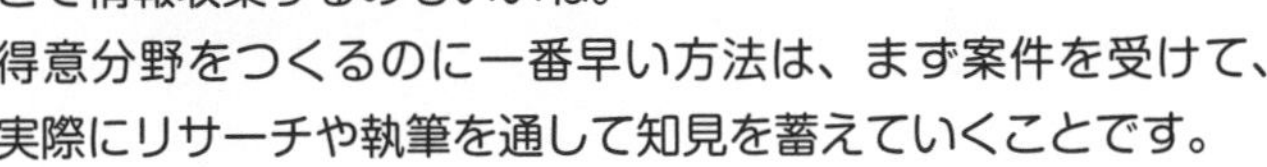
得意分野をつくるのに一番早い方法は、まず案件を受けて、実際にリサーチや執筆を通して知見を蓄えていくことです。

ただ、また知見が溜まらないうちはクライアントに依頼された記事を書くのではなく、自分のブログに載せる記事を書くといいよ。

● ポートフォリオ用の記事を書きながら勉強しよう

たとえば不動産売買系の記事を書きたい場合、クラウドソーシングで案件を検索すれば、どんな記事を書けばいいかわかってきます。

募集要項に「マンションを売却する手順について書いてください」と記載してあれば、「マンション　売却　手順」というキーワードでブログ記事を書きましょう。要するに、架空のクライアントに依頼された前提で、自分のブログにSEO記事を書くということ。

記事を書くためには情報が必要なので、Web記事やYouTubeなどで調べます。そうやってブログを書く過程で、リサーチしながら知識を溜めていくのです。

書き上げたブログをポートフォリオにすれば、似たようなジャンルの案件を受注できるでしょう。

● リサーチで得た情報を深掘りしてみよう

記事の執筆やリサーチから派生して、さらに知識の幅を広げていくこともできます。たとえば不動産の売却手順をリサーチする過程で、税金や法令の話も出てくるでしょう。

内容によっては国税庁などの公的機関や金融機関の公式サイトを参照し、一次情報を取得する必要もあります。調べる中で、もし税金に興味を持った場合は「不動産　税金」で検索し、さまざまな種類の税金について知識を深めるのもいいですね。

● 生の情報を取りに行こう

もともと知識がなくても、調べまくることで得意分野にできるんですね！

そうだね。他には、生の情報をどんどん取りに行くことも、本当のプロになるためには大事だよ。
たとえば、不動産会社が開催するセミナーに参加したり、不動産売買をしている知り合いに話を聞いたりするといい。一次情報やそれに近い情報を取得して、専門的な知識を持つライターになろう！　ユウタさんは、その作戦で得意分野をつくっていくといいよ。

幅広い分野を受ける戦略もアリ

私は教育系や副業系を得意分野にしたかったのですが、案件数も多くないし、なかなか応募に通りません。なので、幅広い案件を受けていますが、それでいいのでしょうか？　得意分野をつくったほうがいいですか？

得意分野はあったほうがいいけれども、無理やりつくる必要はないよ。ケイコさんの今のフェーズでは、幅広くやってみてもいいと思う。ただ、今後のキャリアは見直してみよう。

02

キャリアを見直そう

前節の終わりで「特化しなくてもいい」と説明しましたが、得意分野がないと単価が上がりにくいのは事実です。幅広く案件を受ける戦略で稼ぐ方法には、2章のロードマップで説明したように「ディレクターになること」や「仕事の幅を広げる道」があります。

実は今、クライアントさんから「他のライターの記事を修正してほしい」と、編集の仕事を打診されているんです。挑戦してみたいのですが、自分がそのレベルに達しているか自信がないので、保留にしています。

それはやったほうがいいよ。特化ライターになるのが難しい状況なら、編集者やディレクターになるのが王道ルートだから。まったく興味がなければやる必要はないけれど、興味があるならまず1回やってみよう。

ディレクターや編集者になるときの注意点

● レギュレーションを作ろう

ディレクターや編集者の役割を担うときのポイントは、完璧なレギュレーション(文章のルール)を作ることです。

編集者を打診されているのであれば、ライターとしてはレギュレーションが守れている状態だと思います。それを他の人も同様にできるよう、体系化しておくことが大事です。

クライアントさんがレギュレーションを作っていないので、私は自分で資料にまとめています。

それなら編集者として「レギュレーションを作ったので、共有していいですか？」とクライアントに聞いてみよう。OK がもらえたら、それをライターに共有してあげるといいよ。

● ライターへの修正指示は丁寧にしよう

次に、編集者としてライターへ修正指示をするときの話です。4 章でも触れた通り、ディレクターや編集者から赤字を入れられると、落ち込んでしまうライターは少なくありません。修正指示をどう感じるかは人それぞれなので、厳しい言い方をしないようにしましょう。修正指示の NG 例と OK 例は以下の通りです。

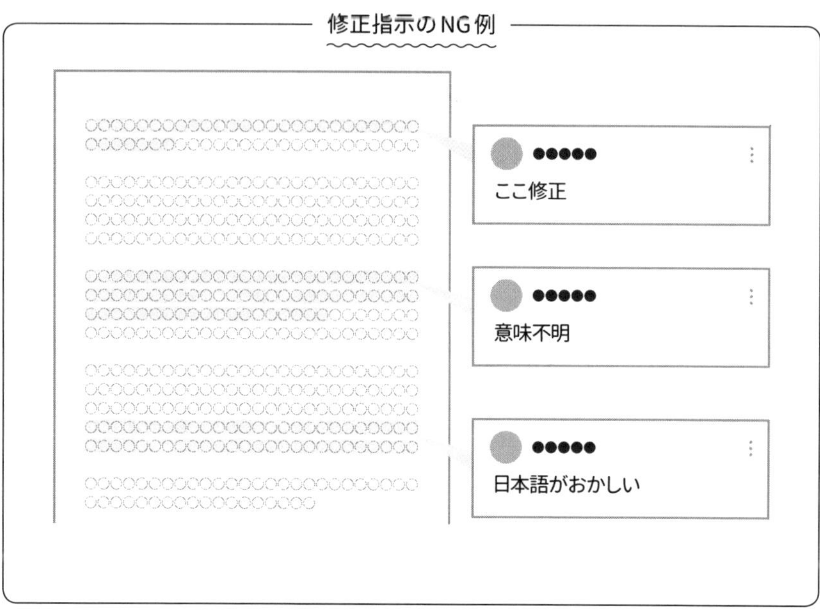
修正指示のNG例
●●●●●
ここ修正
●●●●●
意味不明
●●●●●
日本語がおかしい

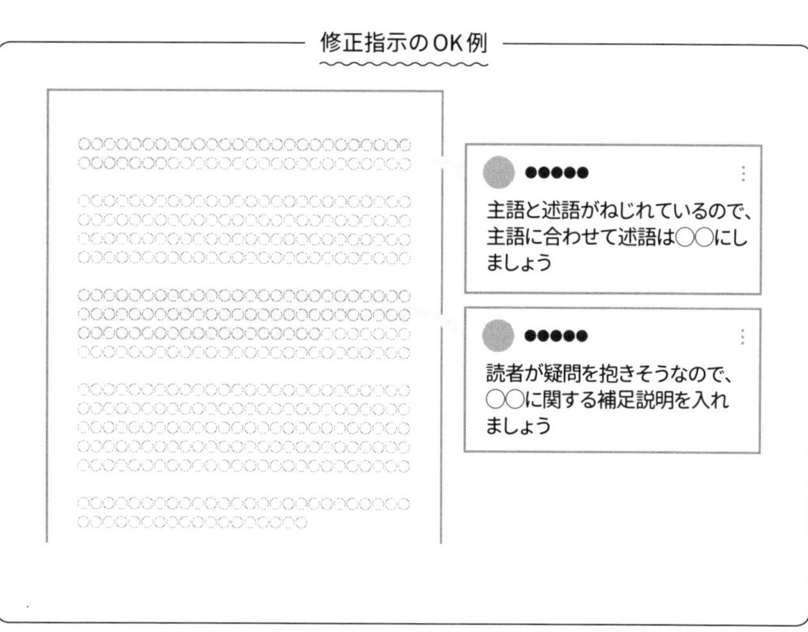
修正指示のOK例
●●●●●
主語と述語がねじれているので、主語に合わせて述語は◯◯にしましょう
●●●●●
読者が疑問を抱きそうなので、◯◯に関する補足説明を入れましょう

OK例のように、修正した理由を添えてあげるといいですね。自分が書いた文章を直されるのは、ライターにとってしんどいことなので、その気持ちを汲んで心理的負担が軽くなるようなやり取りをしましょう。

ディレクターや編集者には、文章を直すスキルだけではなく人間力も求められます。編集力が高くてもライターが次々と辞めてしまうようでは、いいディレクターとは言えません。

優秀なライターがどれだけ自分についてきてくれるか。それはディレクターや編集者の価値のひとつです。そのため、自分を慕ってくれるライターが増えるような指示出しをすることも大事なのです。

ディレクターには総合力が必要

ディレクターや編集者は、単に文章を直すだけではなく、プロジェクトが円滑に進むように人間関係をよくする役目も担っています。

そのため、求められる職能はライターとは異なります。プレイヤーとして文章を書けることに加えて、マネジメントのスキルも必要です。ライターとまったく別の職種とまでは言いませんが、違うスキルが求められることは認識しておきましょう。

また、ディレクターと編集者の違いは業務範囲です。次の表は2章で紹介した「ディレクターの業務内容」ですが、編集者は納品物の品質担保（構成や記事の編集）とライターへのフィードバックを主に担当します。

ディレクターの業務内容

SEO関連業務	● キーワード選定 ● SEO レポート作成
クライアント対応	● クライアントとのやり取り・交渉 ● ミーティング ● 記事の修正対応 ● クライアントへの請求管理
進捗管理	● 案件全体の進捗・納期管理
採用・育成	● ライターのアサイン ● ライターへ記事のフィードバック ← 編集者の仕事はこれ!
納品物の品質担保	● 構成の作成 or チェック ← 編集者の仕事はこれ! ● 記事の編集 ← 編集者の仕事はこれ!
環境整備・事務	● マニュアル作成 ● ライターの報酬管理

※ディレクターや編集者の仕事の範囲は案件によって異なります

一方、そのプロジェクト全体の担保責任を負うのがディレクターです。スケジュールに関しても責任を負うほか、場合によってはライターのアサインも行います。

編集者とディレクターでは仕事内容が違うんですね。

今後ディレクターになるなら、ライターの納期管理やリマインドも行うことになるね。ライターの状況によっては、他のライターのアサインを提案する必要もある。ディレクターには総合力が求められることを覚えておこう。

03

ギブすべき相手を間違えてはいけない

今、継続を迷っている案件があるんです。

ケイコさんが受けている案件

- **ジャンル：ガジェット系**
- **文字単価：0.8 円**
- **備考：最近ディレクターが交代した**
- **メリット：実績公開可能、赤字をもらえる**
  （ディレクター交代前まで）
- **デメリット：単価が低い**
  特化したいジャンルではない
  交代後のディレクターが高圧的
  赤字が減った

文字単価 0.8 円ですが、実績公開できるので継続していたんです。でもディレクターが交代してから、やり取りが高圧的なのでどうしようか悩んでいます。

クライアントを選ぶ基準をもう１回見直してみよう。４章で説明した「報酬、実績、経験、恩義」を点数化するのもいいね。そのうえで基準はカスタマイズしたほうがいいよ。

フェーズに合わせて案件の選定基準を見直そう

たとえばケイコさんは、これから編集やディレクターの道に進みたいと思っているので、重要な基準に「経験(スキルアップ)」を置くのもありです。その場合、「信頼できるディレクターから赤入れをもらえているか？」が、今の案件を継続するかどうかの判断基準になります。

あるいは、他の案件で経験を積めるなら、「今は報酬を重視する」でも構いません。この場合は、シンプルに報酬に満足できるかどうかが判断基準ですね。

このように、自分が置かれた状況によって重視すべきポイントを見直しましょう。

適切に単価交渉をしよう

● 単価交渉をするか否かの判断基準

考え直したところ、今は「報酬」を重視したいです。

継続するか迷っているガジェット系の案件は、どのくらいの報酬なら受けたいんですか？

現状は文字単価が 0.8 円ですが、1.2 円に上がるなら続けたいです。

それなら単価交渉してみよう！

選定基準を見直した結果、ケイコさんは単価交渉をすることにしました。しかし、単価交渉する前に「自分が書いている原稿の修正は少ないか？」は必ず確認しましょう。

原稿の修正が多い段階では、さすがに単価アップは難しいです。言わずもがなですが、クライアント側も「いやいや、この修正を少なくしてから交渉してよ」と思うからですね。メディアに公開された記事と、自分で書いた原稿を difff（デュフフ）で比較して、修正箇所をチェックしましょう。

◆ difff（デュフフ）
https://difff.jp/

修正依頼はめったにありません。メディアに公開された記事と見比べてみても、ほとんど直されていないです。

修正が少ないなら、記事のクオリティは高いと判断されているでしょう。単価交渉の土台には乗っていると考えられます。

● 単価交渉の方法

単価交渉の方法はさまざまですが、オーソドックスなのは「報酬が上がれば引き続き受けられるけれども、上がらなければ継続できない」という交渉の仕方です。ケイコさんの場合も、この方法で問題ありません。

次ページに単価交渉の例文を挙げます。

単価交渉の例文

〇〇様

いつもお世話になっております。

今月も継続してお仕事のご依頼をいただき、誠にありがとうございます。
突然のお話で申し訳ございませんが、一点ご相談があります。

〇月の依頼から単価を１文字〇円に上げていただくことは可能でしょうか。

私としても〇〇様と継続的にお仕事したいと考えておりますが、現在の文字単価では継続してお受けすることは難しいため、単価を上げていただきたいと存じます。

もし単価を上げていただければ、優先的に本案件を執筆できますので、月に〇〇本の納品が可能です。

誠に勝手なお願いで恐縮ですが、ご検討いただけますと幸いです。

◆単価交渉の方法やコツを簡単に説明している記事
https://nakamura-editing.co.jp/writer/negotiation/

これで単価アップが難しい場合は、今までのお礼を言って卒業する形となります。

ケイコさんのケースでは、0.8円から1.2円へ1.5倍の単価アップなので、実現は厳しいかもしれません。はじめから卒業を視野に入れて交渉に臨むといいでしょう。

４章でも伝えた通り、クライアントや案件には全力で向き合うべきですが、継続依頼だからといって受け続ける必要はありません。自分の意思を尊重しましょう。

キャリアを見直すとともに、案件の選定基準を定期的に考え直すことをおすすめします。

04

常にスキルアップは忘れない

ところで、ユウタさんはライティングの勉強はしてるのかな？

すみません……。していないです。

忙しいのはわかるけれど、スキルアップしないと周りに置いていかれるよ。Webライティングにはその時々のトレンドがあるから、それは絶対に押さえておこう。たとえば、SGEが導入されたことは２人とも知っている？

はい、知っています！

……知りません！

Webライターが知っておくべき「SGE」

２章でも触れた通り、SGE（Search Generative Experience）とは生成系AI（ジェネレーティブAI）を検索エンジンに導入したものです。Web

ライターが知っておくべきことの一つと言えます。

次のように、検索キーワードに対する回答文を生成系 AI が作り出し、検索結果の一番上に表示します。

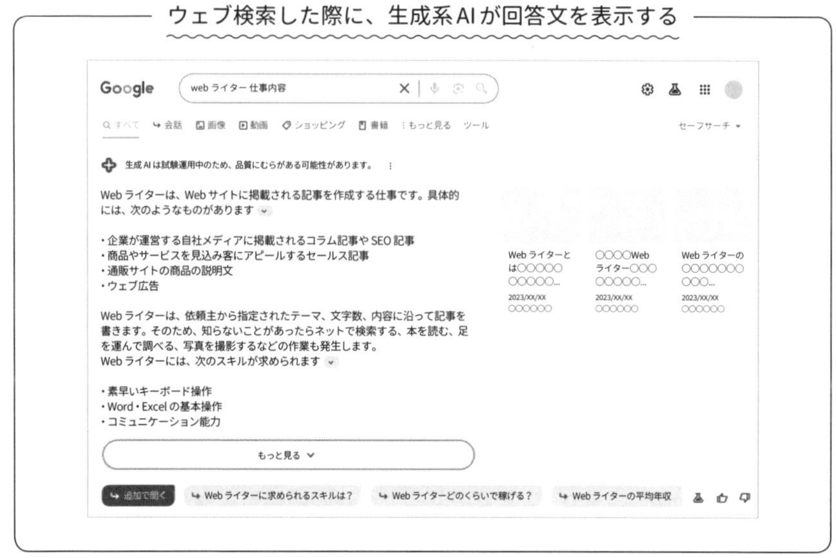

ウェブ検索した際に、生成系 AI が回答文を表示する

SGE によって、記事を開かなくても検索の答えが得られるようになります。

SGE によって起きる変化

ここで伝えたいのは「SGEを知ろう」ではなく「勉強しよう」ということです。

前ページの図のように、SGEによってユーザーの検索導線が変わります。Webライターとしては、読者が何を思ってどう動くかを考えなければなりません。

しかし、そもそもSGEを知らなければ考えることもできないため、他のライターから置いていかれます。SGEはまだ試験的な導入なので今後どうなるかはわかりませんが、Web業界の移り変わりについては常にチェックしておきましょう。

● SGEで読者の動きが変わる

実際、SGEで何が変わったのでしょうか？

SGEが導入されたことで、今後さらに「結論ファースト」の重要性が増していくと思うよ。

SGEによって、一瞬で答えがわかることに慣れた読者は、より早く結論を求めるようになるでしょう。そのため、結論を後まわしにする記事は即離脱されてしまいます。

●「即結論＆事例主義」の時代へ

結論を早く言うことに加えて、さらに重要なのは「納得感」です。

読者がSGEの答えだけで満足せずに、検索結果の個別記事へアクセスするのは「SGEの答えが本当かどうかを確かめる」ときです。

そのため体験談や有識者の話など、読者が納得する根拠やエピソードを提示する必要があります。

要するにAIに書けないことを書くためには、今まで以上に一次情報や体験談を盛り込む必要があるのです。

これからは「結論ファースト」の時代から「即結論＆事例主義」の時代になっていくでしょう。

Webライティングの手法は、一度学んだら終わりではないんですね。

ライターとしては、これらを自分で考えることが大事だよ。新しい技術やトレンドは次々に出てくるから、必ず情報収集をしてスキルアップも怠らないようにしよう！

X（Twitter）で効率よく情報収集しよう

Webライティングの最新情報やトレンドは、どうやったら入手できるんですか？

Webライター系の情報発信者をX（Twitter）でフォローして、その人の発信だけでも毎日チェックしよう。「リスト」機能を使ってまとめておけば、見るのも楽になるよ。

X（Twitter）のリストとは、特定のユーザーをグループごとに分けて登録できる機能です。登録したユーザーの投稿だけを確認できるので便利ですよ。

たとえば、情報収集用のリストに5人登録しておけば、5人が1日3回投稿しても、15投稿を見るだけで済みます。この機能を使って効率よく情報収集していきましょう。

リストに入れる人は、どうやって探せばいいのでしょうか？

気になる Web ライターをフォローしていくと、その人がリポストした投稿も流れてくるから、チェックしてみよう。リストインする人を探すのは少し手間がかかりますが、チェックすべき人を絞れば、時間をかけずに効率よくインプットできますよ。ぜひ試してみましょう！

● リストインの手順（PC）

1 リストに入れたい人のプロフィールページを開き、右上の「…」をクリックします。

2 表示されたメニューから「リストに追加」を選択します。

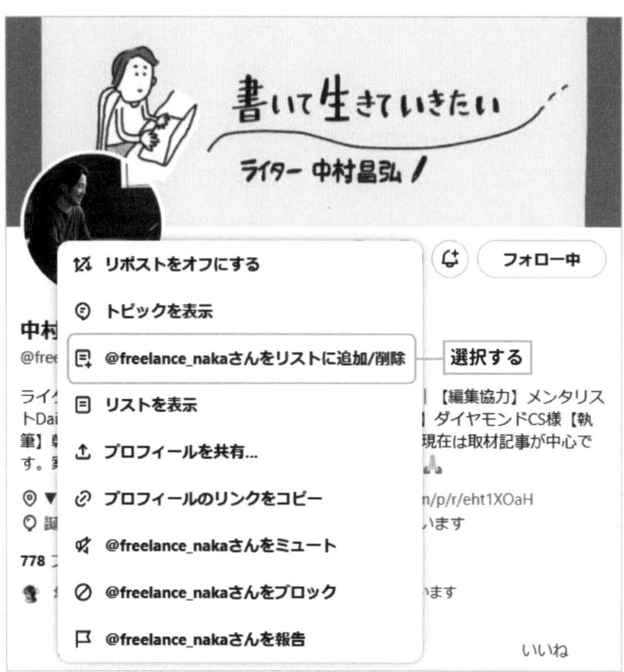

3 「リストを作成」(2回目以降は「新しいリストを作成」)をクリックします。

4 「非公開にする」にチェックを入れ、リスト名を入力し、「次へ」ボタンをクリックします。

5 リストに登録したいメンバーを検索して「追加」ボタンをクリックします。

6 「完了」ボタンをクリックします。

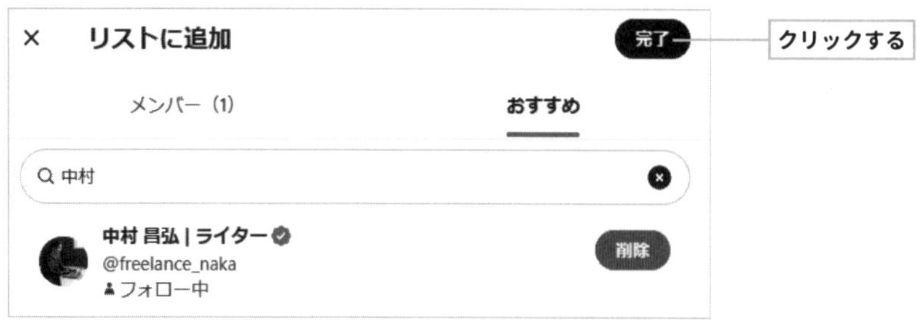

以上でリストインは完了です！　簡単にできるので、試してみてください。

続いて、リストの見方も紹介します。

● リストの見方

1 X（Twitter）のメニューから「リスト」を選択します。

2 作成したリストが一覧表示されるので、見たいリストを選択します。

これで、リストに登録している人の投稿のみが表示されます。ぜひやってみましょう！

文章の勉強もマスト

SGE や情報収集について解説してきましたが、Web ライターは文章力のアップも欠かせません。多くの人が勉強しているので、自分だけ学ばないままでは相対的に遅れを取ります。文章力を上げる代表的な方法は、「写経」と「音読」です。

写経とは文章を書き写すこと。手書きではなく、PC を使って構いません。書籍やブログ、Web 記事などを読んでいるときに「これは読みやすい」と思ったら、それをそのまま書き写しましょう。あるいは音読してもいいです。そうすれば、さまざまな表現方法や語尾のレパートリー、リズム感などを学べます。

また、171 ページで紹介した筆者の無料教材「WritingBegin」もライティングスキルを磨くヒントが詰まっているので、ぜひチェックしてみてください。

勉強も情報収集も継続的に行う必要があるんですね。中村さんのコンサルが終わってから一人で続けられるかなぁ……。

僕が運営しているオンラインコミュニティ『Web ライターラボ』では、ライターに必要なことを講義しているから、コンサルが終わったら入会を検討してみるといいよ。メンバーからの生の情報も集まっているから、よかったら入ってみて。

それでは、第 3 回目のコンサルはここで終わります。また 4 ヶ月後に会うまで頑張ってください！

◆ Web ライターラボ
https://arata-news.com/lp-line/

05

メンタルを安定させよう

前節から４ヶ月後、第４回目のコンサルが始まります。

４ヶ月間、どうだった？
何か悩んでいることはある？

前回相談したガジェットブログは、単価交渉はダメでしたが円満に卒業できました。迷っていた編集の仕事も受けることにしたのですが……大変でした。

単価やスキルアップよりもメンタルを最優先しよう

話を聞いたところ、ケイコさんは編集者というよりもディレクターの仕事を任されたようです。ライターのアサイン（選定）や納期管理などに時間がかかったとのこと。

特に納期管理が大変だったようで、納期に間に合わないライターの代わりに自分で書いたこともあったそう。想定以上のパワーを割くことになり、ケイコさん自身の時間がなくなってしまいました。

ケイコさんには１歳と３歳の子どももいるので、家事や育児の時間も必要。結果、精神的にかなりきつい状況になってしまったようです。

一番大事なのはメンタルだから、単価やスキルアップよりもメンタルの安定を最優先に考えたほうがいいよ。今のままだとディレクターは難しいかもね。

夫からは「ライター業やりすぎじゃない?」と言われるし、子どもたちにもあまり構えないので、泣いたり機嫌が悪くなったりするようになりました。家庭内の雰囲気があまりよくないんです。

客観的に整理して可視化しよう

メンタルを安定させる方法は、仕事を客観的に分解して考えることです。タスクを整理して「自分にとって、どれが一番しんどいか」「時間がかかるか」などを可視化してみましょう。

ケイコさんのタスクと問題点

業務内容	デメリット・課題
ライターのアサイン	● クラウドソーシングのライター募集に手間と時間がかかる
納期管理	● ライターが間に合わないときには他のライターを探す ● 最悪の場合はディレクター（自分）が書く ● 上記によって家事・育児の時間がなくなる
記事修正	● 時間はかかるが、一番重要なメイン業務である
入稿	● 問題なし（時間もそれほどかからない）

可視化したところ、入稿や記事修正には大きな問題はありませんでした。一方、ライターのアサインと納期管理の２つは、時間がかかるし精神的負担も大きいということがわかりました。

問題は、ライターのアサインと納期管理だよね？　家庭の状況なども考えると、今この２つを継続するのは難しいんじゃないかな？　メンタルが保てるなら頑張ってもいいけれど、犠牲にしているものが多いから、ここで無理やり続けるのはやめたほうがいい。クライアントに相談して、一旦、編集者に戻ろう。

クライアントに相談するときは自分の状況を伝え、対応が難しいことを話しましょう。その際、次のポイントを明確に伝えたり、お願いしたりすることが大切です。

- **できる業務（編集）とできない業務（ディレクション）を明確に伝える**
- **できない業務（アサイン、納期管理）は別のディレクターへの引き継ぎをお願いする**
- **編集者からディレクターになる際に上がった単価は元に戻してもらう**

自分なりの最適解を見つけよう

先ほど出した答えはケイコさんの状況に合わせたものなので、誰もが同じ結論になるわけではありません。重要なのは、自分自身の最適解を見つけることです。

ディレクターになるのは、ライターとして稼げる王道ルートと言われていますが、状況によっては編集者やライターの働き方が向いている場合もあります。王道ルートも一つの道として捉え、自分なりのキャリアを考えていきましょう。

影響の輪の外側にあるものは考えない

ディレクターを辞退したら、クライアントに落胆されないか心配です。

そういうときは、スティーブン・R・コヴィー博士の著書「7つの習慣」の中で提唱されている概念「影響の輪」を意識しよう。影響の輪とは、自分にコントロール「できるもの」と「できないもの」を区別すること。輪の外側にあるものは考えないようにするといいよ。

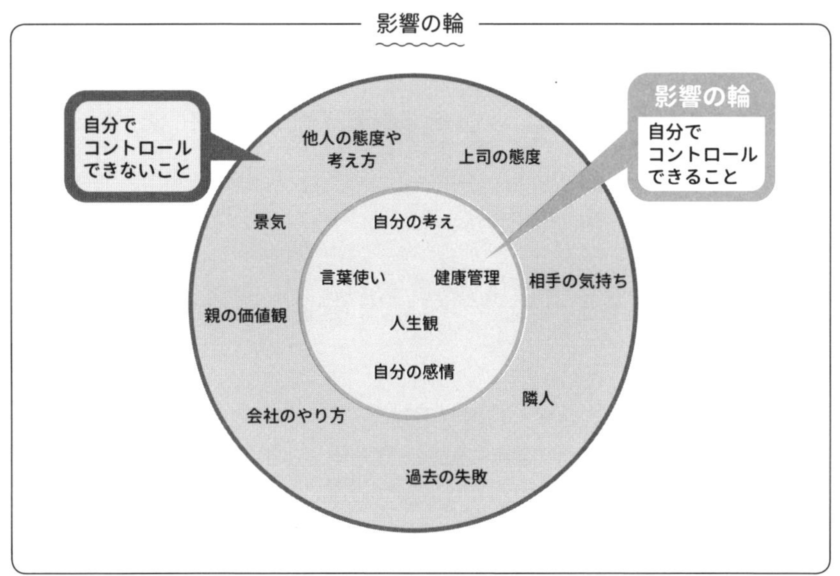

「自分の考え」など、影響の輪の内側にあるものが、自分でコントロールできるものです。一方、輪の外側にある「他人の気持ち」などは、考えても自分ではコントロールできません。「**コントロールできないなら考える必要がない**」という概念ですね。

ケイコさんの例で言うと、クライアントが落胆するかどうかは影響の輪の外側です。クライアントの気持ち次第なので考えても意味はありません。

自分でコントロールできないものを切り離し、考えないようにする努力をしましょう。メンタルを安定させるためには、重要な考え方の一つです。

06

孤独に耐えつつ仲間をつくろう

僕は、この４ヶ月間で不動産売買に関する案件を受注できるようになってきました！　でも同じような案件の繰り返しで、少し飽きているんです。ずっと家で執筆しているのも辛いし、最近マンネリ気味になっています。

副業ライターやフリーランスは１人で作業する時間が長いから、孤独だということは覚悟しておこう。ただ、仲間をつくることは大事だね。実は僕も、ライター初期の頃は仲間が全然いなかったけれども、もっと早くつながりを持てばよかったと思っているんだ。

たとえば、仲間をつくるには次のような方法があります。

- **オンラインコミュニティに入る**
- **ライターのゼミに通う**
- **ライティングのセミナーに参加する**
- **X（Twitter）でつながった人と交流する**

無料のセミナーもあるし、ゼミや交流会もオンラインやオフラインなど、多様な形式で開催されています。そういう場にまずは参加してみるといいでしょう。

今は 2 人とも、僕のコンサルでノウハウを学んでいるけど、僕以外の先輩ライターからもぜひ吸収してほしい。とにかく他のライターとつながりを持つといいよ。

注意点❶ お互いに高め合える仲間をつくろう

仲間をつくるときには、お互いを高め合える関係を築きましょう。「自分は稼げない」というマインドブロックを外すためには、環境と人が大事だからです。

よくない例は、次のようにネガティブな方向で会話が終わっている状態です。

Web ライターの A さんと B さんが時給について話しています。

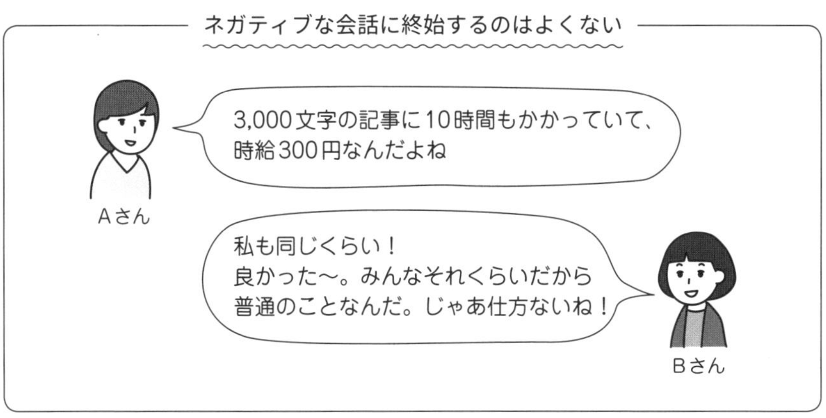

このように今の環境に安心してしまうと、自分の殻を破れなくなり成長が止まってしまいます。A さんと B さんは「稼げないのは普通のことだ」というマインドブロックが強くなっているので、収入を上げるのは難しいでしょう。

反対にポジティブな関係であれば、「稼げない状況を打破するために何をやるべきか？」を考えたり、情報交換したりできます。そうすると、自分の殻を破るきっかけを掴みやすくなるのです。

人はふとしたきっかけでスキルが大きく伸びることがあります。それに伴い、文字単価が数倍に跳ね上がることも珍しくありません。身を置く環境や関わる人によってマインドは変わります。だから仲間をつくるときは、お互いを高め合える関係が大事なのです。

注意点❷ 無理に仲良くする必要はない

もう一つは、X（Twitter）やコミュニティ内でライター仲間をつくるとき、「合わない人と無理に仲良くする必要はない」ということ。

会社員の場合は上司や同僚を選べませんが、フリーランスや副業ワーカーは人間関係を自分で選べるのがメリットです。なので、合わないと思ったら関与しなくて構いません。もちろん攻撃はせずに、特に何もしないということです。

これはライター仲間をつくるうえで重要なので、覚えておきましょう。

07

直営業にチャレンジしよう

ケイコさんは、ディレクターから編集者に戻るために、勇気を出してクライアントに交渉してみて。
ユウタさんは仲間をつくることを意識して、余裕があったら直営業にもチャレンジしてみるといいよ。

「直営業」の定義はさまざまですが、クラウドソーシングを介さずにメディアや企業、編プロなどに直接営業することを、本書では直営業と呼ぶことにします。

たとえば、Google 検索でライターを募集しているメディアを探し、直接メールするという方法です。筆者はこの方法で何度も案件を受注しました。

具体的なやり方を解説するので、ぜひ実践してみてください！

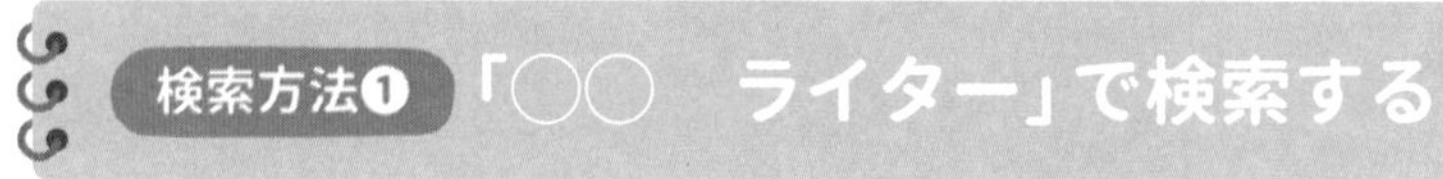

検索方法❶「○○　ライター」で検索する

まずはオーソドックスに、Google検索で案件を探します。検索方法はたくさんありますが、お勧めは次の通りです。

直営業案件の検索キーワード

探し方	検索キーワードの具体例
広めのジャンル×ライター募集	「不動産　ライター募集」 「金融　ライター募集」 「アウトドア　ライター募集」
狭めのジャンル×ライター募集	「マンション　ライター募集」 「株式投資　ライター募集」 「ソロキャンプ　ライター募集」
仕事内容×ライター募集	「インタビュー　ライター募集」 「セールスライター　ライター募集」 「LP　ライター募集」 「メルマガ　ライター募集」
編プロ×ライター募集	「編プロ　ライター募集」

さまざまなキーワードを組み合わせて検索してみるといいです。たとえば、自分が特化したいジャンルや、趣味に関するキーワードで検索してみましょう。

実際に検索してみるとわかりますが、多くの場合は検索結果の1ページ目には求人サイトが出てきます。そのため、2ページ、3ページと、どんどんチェックしていきましょう。

何ページも見ていくと、ライター募集の案件は意外とたくさん見つかりますよ。応募するときの提案文の書き方は３章を確認してください。

検索方法❷ メディアを探す

「ライター募集」で検索するのではなく、書きたいメディアを見つけ、そこから応募窓口を探してアプローチする方法もあります。

たとえば、不動産系の記事を書きたいなら不動産系のメディアを見つけてアプローチしましょう。

具体的な流れは次のとおりです。

1. **読者が検索しそうなキーワード（たとえば「マンション　売却方法」など）で検索する**
2. **検索結果にメディアが表示される**
3. **書きたいメディアの「ライター募集ページ」を探す**
4. **募集していればそこから応募する**

この方法は、あえて「営業しよう」としなくても、記事の執筆と同時に探せるのがいいところです。

たとえば「マンション　売却方法」というキーワードで記事を書く場合、そのリサーチ過程で見つけたメディアで「ライター募集をしていないか」「応募窓口がないか」をチェックしておきましょう。記事を書きながら営業先を探せるので、一石二鳥です。

なお、ライター募集をしていないメディアに「問い合わせフォーム」や「SNS の DM」からアプローチするのは、あまりお勧めしません。企業は、問い合わせフォームや DM を営業メール用に設置しているわけではないからですね。

どうしてもそのメディアで書きたくて、クライアントにメリットがある場合は、応募してもいいかもしれません。

へ～！　こんな方法で直営業ができるんですね！
やってみます！

私は時間的に厳しいので、もしやれたらやります。

そうだね。余裕がないときは無理に営業しなくて大丈夫だよ。
それでは、また４ヶ月間は各自で頑張ってみよう！！

6章

独立するかの判断

副業でWebライターを続けているうちに、独立してフリーランスになることを考える人もいるでしょう。
しかし、勢いだけの安易な独立はお勧めしません。本章では、専業ライターに必要なマインドや収入について詳しく説明しています。
この章を読むことで、独立するかの判断ができるようになり、独立する際の適切なタイミングも見極められます。
6章を読んで、長く活躍し続けるライターになりましょう！

01

安易に独立しないほうがいい

５章でキャリアを見直したケイコさんとユウタさんは、その後も活動を続け、ライター歴は１年４ヶ月となりました。ここからは第５回目のコンサルが始まります。

Web ライターを始めて１年以上経ったけど、仕事は順調に進んでいるのかな？　何か悩みはある？

私はクライアントさんに相談して、ディレクターから編集者に戻りました。こちらの事情を理解していただけたので、言ってみてよかったです。
少し余裕ができたこともあり、今後は Kindle 編集やインタビューなど、いろいろな仕事に挑戦したいと思っています。

僕は不動産特化ライターの道に進んでいます。オンラインコミュニティに入ったり、X（Twitter）で多くの方とつながったりしたことで、マンネリを解消できました。コミュニティの先輩に不動産ライターの方がいて、その人からいろいろな話を聞いてやる気もアップしました。

それで……実はそろそろ独立してフリーランスになりたいと考えているのですが、早いでしょうか？

2 人とも、次のステップへ進むために考えているみたいだね。今後の方向性についてアドバイスしていくよ。

SNSの甘い投稿に惑わされてはダメ

まずユウタさん。いきなり厳しいことを言うけど、独立は安易にしないほうがいいよ。そもそも、なぜ独立したいの？

不動産特化ライターにやりがいを感じて、会社の仕事よりも楽しくなってきたんです。独立してライター業にフルコミットすれば、もっとお金を稼げそうな気もしています。

あとは……SNS（X）でインフルエンサーが「フリーランスは簡単に稼げる。いつでも好きなときに旅行できて最高！」みたいな投稿をしていたんですよ。それに憧れたのもあります！

「独立すれば稼げる」というのは嘘ではないものの、稼ぎ続けるのは簡単ではありません。

筆者自身は、約8年の会社員経験を経て2016年にフリーランスへ転身したので、どちらの世界もわかります。そのうえで思うのは「**ライターだけで生計を立てることは、副業とは全然違う**」ということ。収入の浮き沈みもあるので、安易に独立することは避けましょう。

背水の陣を敷くのは危険

独立しても、いいことばかりではありません。1章でも説明したように、Webライターには次のデメリットがあります。

- **慣れるまでは執筆に時間がかかる**
- **最初は時給が低くすぐには稼げない**
- **自己管理ができないと難しい**
- **ライバルが多い**
- **仕事を探すのが大変**

副業で活動している間は、これらのデメリットも小さく感じるかもしれません。しかし専業ライターになると、常に納期に追われたり、朝から夜遅くまで執筆したりする日もあり、デメリットの影響が大きくなります。

ユウタさんは、きちんと自己管理できるの？　会社員と違って、独立するとすべて一人でやらなきゃいけないよ。いつでもサボれてしまうけど、サボるほど収入は下がる。そういうシビアな世界だよ。

う〜ん、そう言われると難しいかもしれませんね……。でも、SNSで「独立して自分を追い込むべき」というインフルエンサーの投稿を見たんですよ。僕も独立したら追い込まれて、もっと力を発揮すると思うんです！

それもよく聞く話だけど、超現実的な話をすると……そんなことはないよ。追い込まれても、やらない人はやらないから。背水の陣を敷くのは本当に危険なので、やめた方がいい。

SNSに溢れている甘い投稿に惑わされず「これから先の5年、10年と、自分は専業ライターを続けていけるのか」を客観的に考える必要があります。

そこで迷うようなら、もう少し検討したほうがいいですね。独立するためには、まずマインド面をしっかりと固めましょう。

02

「時給 × 1 ヶ月の労働時間」で考えよう

独立後の収入を予測する

前節で「安易に独立しないほうがいい」と言ったものの、もちろんフリーランスになることを否定しているわけではありません。

筆者自身は、独立して本当に良かったと思っています。でも、独立するなら考えるべきことはたくさんあります。その筆頭が「お金のこと」ですね。

勢いだけで独立すると生活が厳しくなるので、目先の利益を追ってしまいます。「時給を上げること」が第一優先となり、早さを追求して質がおろそかになる。そうなると継続案件がなくなり、収入面がさらに苦しくなるという悪循環に陥りかねません。

それを防ぐために「**時給 × 1 ヶ月の労働時間**」を計算して、目標金額に到達するかを確かめましょう。具体的な手順は次の通りです。

❶ 生活費がいくら必要かを把握する
❷ 1 ヶ月に確保できる労働時間を計算する
❸ 最低限必要な時給を逆算する
❹ 実際の時給を把握する
❺ 必要な時給と実際の時給を比較する
❻ 目標金額を 3 ヶ月連続で達成することを目指す

ユウタさんを例に見ていきます。

❶生活費がいくら必要かを把握する

まずは生活費を洗い出し、手取りでいくら必要なのかを把握するところから始めます。

手取りで25万円欲しいです。数年後にはもっと稼ぎたいけれど、まずは25万円を稼げればいいと考えています。

会社員の手取り25万円は、源泉徴収で税金が引かれたあとの金額だね。でもフリーランスは、所得税や住民税を別途払う必要があるから、会社員のときと同じ手取りの金額では足りないんだ。

とりあえずフリーランスとして稼ぐ金額は、30万円くらいに設定しておこうか。

この場合は「時給 × 1ヶ月の労働時間」で30万円に到達すれば、生活できることになります。

独立後に生活を維持できる収入の計算方法

必要な収入額（手取り）	時給 × 1ヶ月の労働時間 ≧ 30万円

さらに、この目標金額を最低でも**3ヶ月連続で達成すること**が独立の一つの目安です。

❷ 1ヶ月に確保できる労働時間を計算する

時給の最低ラインを割り出していきます。まずは、1ヶ月で確保できる労働時間を把握しましょう。会社を辞めて専業ライターになった場合、1日に何時間働けるかを考えます。

朝9時から夜21時までの12時間働けます！　独立当初は休まず働くので、1ヶ月で「12時間×30日＝360時間」の労働時間を確保できます。

その想定は無理があるよ。突発的な体調不良や冠婚葬祭で働けない日もあるから、スケジュールに余裕を持たせないと。稼働日数は週5日にしておこう。毎日12時間働くのも厳しいから、朝9時から夜19時まで（休憩1時間）で考えておくといいよ。

2人で考えた結果、ユウタさんの労働時間は次の通り、1ヶ月で189時間になりました。

1ヶ月に確保できる労働時間の計算方法

1ヶ月の稼働日数	週5日×4週＋α(月によるので)＝21日
1日の労働時間	9時から19時まで（休憩1時間）＝9時間
1ヶ月の労働時間	1日9時間×21日＝189時間

実際はもっと働けるかもしれませんが、無理せず現実的に考えましょう。

❸最低限必要な時給を逆算する

必要な生活費と1ヶ月の労働時間がわかれば、最低限必要な時給を計算できます。ユウタさんの場合、189時間で30万円を稼がなければなりません。逆算すると、時給1,587円以上であれば、目標金額の30万円を達成できることになります。

目標金額を達成するのに必要な時給の計算方法

最低限必要な時給	30万円 ÷ 189時間 = 時給1,587円

❹実際の時給を把握する

ここで、現時点で自分の時給がいくらなのかを計算します。受注単価と執筆にかかった時間から、実際の時給を割り出します。普段から執筆時間を計測しておくといいでしょう。

こんなこともあろうかと、執筆時間を計っていました。計算したところ時給は1,700円。必要な時給（1,587円）を上回っていますね！

でも、その時給（1,700円）には執筆時間しか反映されていないよね。実際は、営業や勉強をしている時間もあるはずだよ。だから実質的な時給は1,700円の85%くらい（1,445円）になるかな。

執筆時間だけではなく、営業時間等も含めて時給計算をする

文字単価の平均が 1.7 円。3000 文字を 3 時間で書ける場合

執筆時間のみの時給	文字単価1.7円 × 3,000文字 ÷ 3時間 = 時給1,700円
営業時間等も加味した時給	1,700 円 × 85% = 時給 1,445 円

繰り返しますが、このように現実的に考えることが大切です。働ける時間は自分が思うほど長くないし、執筆時間だけで時給換算すると実際より高くなってしまいます。

それをどの程度減らすかはケースバイケースですが、リスクヘッジしたうえで独立すべきか判断しましょう。

❺ 必要な時給と実際の時給を比較する

先に算出しておいた「必要な時給」と、営業時間等を加味した「実際の時給」を比較します。

「必要な時給」と「実際の時給」の比較

最低限必要な時給	30 万円 ÷ 189 時間 = 時給 1,587 円
営業時間等も加味した時給	1,700 円 × 85% = 時給 1,445 円

上の例では、あと一歩ということがわかります。

❻目標金額を3ヶ月連続で達成することを目指す

ユウタさんの例では、もう少しで目標金額に到達することがわかりました。ただし、Webライターの受注件数は安定しないものです。そこで、先述した通り3ヶ月連続で目標金額を達成してから独立を検討しましょう。

もっと言うと、「最低でも2年は副業経験を積んでから独立するかを判断したほうがいい」と筆者は考えています。

ユウタさんの1年4ヶ月という副業期間は、長くはありません。ライター歴2年になるまでのあと8ヶ月で、もう少し考えてみるほうがいいでしょう。

8ヶ月間は時給を正確に測ったり、生活水準を見直してコストを抑えたり、独立する前提で動いてみるといいよ。
独立することは悪くないけれども、本当にWebライターとしてやっていく覚悟があるかを、もう1度考えてみよう。

はい。独立するかどうかの判断基準がわかったので、もう1度見直してみます！

03

既存クライアントから広げる

私は今よりもっと仕事の幅を広げて、いろいろな案件に挑戦したいのですが、どうやって受注すればいいかで悩んでいます。

1 章で紹介した通り、SEO 以外にも次のような案件があります。

- **メルマガ執筆**
- **動画のシナリオ執筆**
- **Kindle の編集**
- **インタビュー記事執筆**

この 4 つの中なら、どれに興味があるの？

特に興味があるのは、Kindle やインタビュー記事の執筆です。でも「SEO 以外の仕事をしてみたい」という気持ちが一番なので、他のものでも機会があればチャレンジしたいです！

実績がない状態で受注するためには

案件を獲得するには、3 章や 5 章で説明したクラウドソーシングや SNS（X)、Google 検索などで応募する方法があります。

ただ、Kindle の執筆案件を受注したいなら自分で Kindle を作った経験がある……といった具合に、やりたいことに関連する実績がなければなかなか受注できません。まずはそれを作ることが先決。

そして、SEO 以外に幅を広げる場合、一番受注しやすいのは既存クライアントに提案する方法です。営業できるクライアントがいないか、今の取引先を洗い出してみましょう。

ケイコさんの場合、現在の取引先は次の 2 社です。

ケイコさんの既存の取引先

	ジャンル	担当業務	受注の割合
1	子育て系	編集者	7割
2	副業系などの複数ジャンル	ライター	3割

子育て系のメディアで編集を担当し、案件全体の約 7 割を占めています。残りの 3 割はフリーのディレクターからの受注で、副業系などを幅広く受けている状況です。

メルマガ執筆を提案しよう

ケイコさんが案件を広げていくなら、まずは既存クライアントの２社から広げていくのが基本です。特に子育て系メディアのほうは、編集で深く関わっているので提案も通りやすいと考えられます。提案するためには、まずそのメディアを調べてみましょう。

納品先のメディアでは、メルマガが発行されています。以前から、そのメルマガを購読していますが、単に読者として読んでいました。

「そのメルマガを自分に書かせてください」と提案してみよう！　そのためには購読しているメルマガを参考に、サンプルとなる原稿を作るといいよ。それが実績となるから、受注率は上がります。

インタビュー記事に挑戦しよう

ケイコさんの納品先の子育て系メディアには、ケイコさんの納品先の子育て系メディアには、次のようなインタビュー記事も掲載されていました。

インタビュー記事のテーマと内容

テーマ	インタビュー内容
仕事と育児の両立	時短勤務や育休に関するインタビュー
読者の子育て体験談	子育ての悩みや解決方法、コツに関するインタビュー
著名人の子育て体験談	著名人や文化人へのインタビュー
子育て支援制度	地方自治体へのインタビュー

● 知人へのインタビューでサンプル記事を作る

既存クライアントのメディアにインタビュー記事があるなら、インタビューを担当したいとアプローチしてみましょう。アプローチするためには、やはり実績を作ることが大事。つまりインタビュー記事を実際に書いてしまうのです。

自分自身も子育て中なのでインタビューしやすいですね。ただ、インタビュー記事のサンプルは、どうやって作ればいいのでしょうか？

そのメディアに掲載されそうなテーマでインタビューすればいいんだよ。ケイコさんのメディアを見てみると「時短勤務」「育休」「子育てのコツ」みたいなインタビュー記事が多いよね。であれば、そのテーマでママ友にインタビューしてみよう。

実績用の記事を作る際は、自分が書きたいメディアのトンマナに寄せることがポイントです。

たとえば納品先メディアに写真が盛り込まれているなら、スマホでもいいのでインタビュイー（インタビューを受ける人）のママ友を撮って記事に載せます。顔出しNGの場合は、首から下の写真や、斜め後ろから撮るといった工夫をしてみましょう。

● 日程調整が難しいなら取材音源の記事化から始める

インタビュー記事は制作に時間がかかるから、メルマガとインタビューのどちらかに絞ったほうがいいかもしれないね。特に注力したいのはどっち？

インタビューに力を入れたいです！

インタビュー記事に取り組むときの懸念点は、日程調整です。小さいお子さんがいると、急な体調不良により取材ができなくなる可能性もゼロではありません。

メディアによってはインタビュアー（インタビューする人）と執筆担当が別々の場合もあるため、「音源をもらって記事を書くこと」を提案してみるのも選択肢の一つです。

音源から記事化するなら、都合のいい時間に作業できるので、小さい子どもがいても取り組みやすいと思います。まずは記事の執筆に慣れて、子どもが少し大きくなったら、インタビューを自分でやってみるのもいいでしょう。

いずれにしても、SEO以外に仕事の幅を広げたいときは、まずは実績を作ることが大事。次に、その実績を持って既存クライアントへ提案するという流れが基本です。

ケイコさんは独立を考えていないんですか？

独立は考えていません。ライターの仕事がまだ安定していないので、パートで安定した収入を稼ぎながら、副業でライターを続けていくのがちょうどいいんです。最近はパートの時間を減らして、ライターの時間を多くしていますが、このバランスは今後も保っていきたいと思っています。

必ずしも独立がゴールではないので、どんなスタイルでもいいと思うよ。それぞれのライフスタイルに合わせて考えていこう。

04

もっと外の世界を見てみよう

一つに絞るのは他の世界を知ってから

最後に2人に伝えておきたいことは、何か一つのものだけに縛られず外の世界を見ようということ。たとえばSEOだけ、メルマガだけ、Kindleeの執筆だけをやるという選択も悪くないけれど、もっといろんな世界を見たほうがいいよ。一つに絞るのは、他の世界を知った後にしよう。

Web ライター（SEO ライター）はライター業界のほんの一部です。もちろん筆者もライターの世界をすべて知っているわけではありませんが、ほんの一部であることはわかります。

特に、SNS で Web ライターという仕事を知った場合は、SNS 上で語られることがすべてのように感じてしまいます。Web ライターだけの世界に閉じこもっている意識もないまま、外の世界を知らずに生きていくことになるのです。

新しいことにチャレンジするのは「怖さ」もあります。でも、外の世界をまったく知らないほうが、もっと怖い。だから、どんどんチャレンジしていきましょう。

そのうえで自分のキャリアを考えてみると、格段に視野が広がります。

最後に、2人とも1年4ヶ月の間、コンサルの受講お疲れ様でした！
未経験から始めて大変だったと思いますが、僕のアドバイス通りに進めてくれて、ありがとうございました。今後も、何か困ったことがあったら相談してください。

こちらこそ、本当にありがとうございました！　家庭とのバランスを取りながら、無理せず頑張ります。

ありがとうございます！　独立は一旦白紙に戻して、もう少し副業ライターとして頑張っていきます。今度ともぜひよろしくお願いします！

おわりに

その後のユウタさんとケイコさんがどうなったか、気になっている人もいるでしょう。

ユウタさんは結局、コンサル終了から1年後にフリーランスへ転身しました。

副業を2年4ヶ月継続し、Webライターとして独立する覚悟ができたようです。所要時間を正確に測ったうえで本当に必要な収入を把握し、その時給にも到達しました。それを3ヶ月間、継続できたことで独立する決心ができたとのこと。これからは不動産特化ライターとして活動していくそうです。

一方のケイコさんは、既存クライアントからSEO以外の仕事をもらえたようで、今はオンラインのインタビューをメインに活動しています。

時間効率を考えて、クライアントを子育て系メディアを運営する一社に絞り、編集者兼インタビューライターの道に進んでいるとのこと。独立はしていないものの、パートの時間を絞り、ライター8割、パート2割くらいで活動していると言っていました。

このように、ユウタさんとケイコさんは、それぞれ自分の道を歩んでいます。

さて、二人の物語はここで終わり。

今回は、未経験からWebライターに挑戦する二人を、僕がコンサルするというストーリーにしてみました。我ながら超現実的な話になったなと思います（笑）。

本編でも再三書きましたが、Webライターはそんなに簡単な仕事ではありません。たしかに日本語を書ければできますが、稼ぎ続けられるかどうかは別の話なのです。

でも不思議なことに、SNSで散見される「楽に稼げる」という言葉はなぜか信じてしまう。

本書を読んだ皆さんはもう大丈夫だと思いますが、決してそういう甘い言葉には流されないでください。著者が言うセリフではないかもしれませんが、この本の二人の物語も所詮はフィクション。すべて鵜呑みにしてはいけません。残念ながら、ケイコさんとユウタさんほどスムーズに進まない人もいるでしょう。大事なのは「自分で考えて行動する」ことだと思います。

こんな超現実的な思考の僕が運営するコミュニティに興味がある人は、LPを見てみてください（ちなみにこのLPも僕がライティングしています）。本書よりもっと現実的な話をしているので、僕が「ドリームキラー」と言われている理由がわかると思います（笑）。次はお互いライターとしてお会いできることを楽しみにしています。

Webライターラボの LP →
https://arata-news.com/lp-line/

■本書サポートページ
http://www.sotechsha.co.jp/sp/2119

編集協力：悠木まちゃ

経験ゼロから確実に稼げるようになる

Webライター フリーランス入門講座

2023年12月31日　初版第1刷発行

著　者　　中村昌弘
装　丁　　広田正康
発行人　　柳澤淳一
編集人　　久保田賢二
発行所　　株式会社　ソーテック社
〒102-0072　東京都千代田区飯田橋4-9-5　スギタビル4F
電話（注文専用）03-3262-5320　FAX03-3262-5326
印刷所　　大日本印刷株式会社

ISBN978-4-8007-2119-8

本書のご感想・ご意見・ご指摘は
http://www.sotechsha.co.jp/dokusha/
にて受け付けております。Webサイトでは質問は一切受け付けておりません。

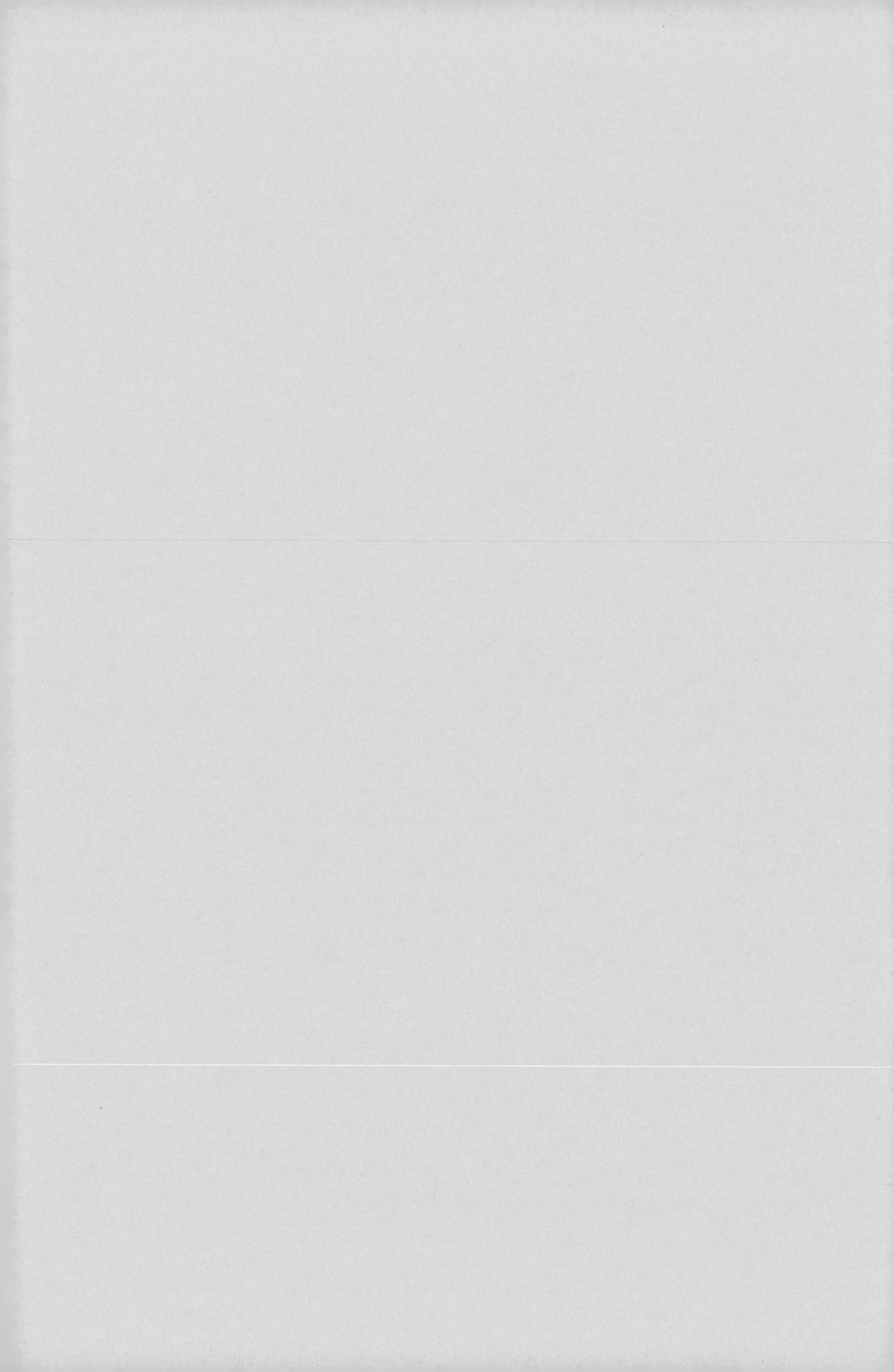